朝日新書
Asahi Shinsho 346

仕事は99%気配り

川田　修

朝日新聞出版

はじめに

「川田さんは特に商品についての知識がすごいわけでもないし、切れる営業マンて感じでもないですよね」

ある時会社の後輩にそんなことを言われました。よく考えてみたら失礼な話ですが、私は「悔しい」という気持ちは微塵《みじん》もなく、「そうね。大切なことはそういうことじゃないと思ってるからさ」と思いながら、「言うねぇ」と微笑んでいました。

自分でいうのもなんですが、私は「勉強すること」が苦手です。本も読まなければ、新聞もほとんど読みません。

でも「人の話を聞くこと」「人と話をすること」「人を観察すること」は得意だと思っています。そして何よりも人が好きです（でも人見知りです）。

そんな私がプルデンシャル生命の2000名の営業マン・ウーマンの中でトップになり、『かばんはハンカチの上に置きなさい』（ダイヤモンド社。営業の本なのにいわゆる営業のノウハウには触れていない本です）を出版しました。

そして、その本がベストセラーとなり、不思議なことがたくさん起こりました。まず全国から多くの講演の依頼をいただきました。それもほとんどが同業からではなく、異業種の方々からでした。銀行や証券会社、全国の信用金庫などの金融機関にとどまらず、ブライダルコーディネーター、建設業、葬儀会社、弁護士さんまで、その他もろもろ、本当に様々な業種の方々に講演をさせていただきました。

同時に書籍が韓国続いて台湾で翻訳出版され、今年は中国での刊行が予定されています。韓国では3000人の前で講演する機会をいただきました。

私が今まで多くの方との出会いから学んだことは、「業種に関係なく、国に関係なく、人の役に立つ」ということを実感しています。

講演と同じように、「営業の人たち」という範囲を超えて、なにか役に立てるようなことをメッセージできないか……。そう考えていた時に、朝日新聞出版の方から『気配り』をテーマに本を書きませんか」と声をかけていただき、私はすぐに「面白い！」と思いました。

「気配り」というのは、営業職に限らず、どんな職業でも大切なことなんじゃないかと思います。

成功している会社の経営者、高い実績を上げているビジネスパーソン、あるいは繁盛しているお店のオーナーやスタッフ……。

そういう人たちにお会いすると、さりげない一言に感激したり、ちょっとした仕草に感心したり、時には「すごい！」と思わず胸が熱くなったり。その気配りにハッとするような「何か」を感じます。その「何か」とは何なのか?を書かせていただいたつもりです。

この本は、営業のノウハウ本ではありません。これまでに私が出会って感動した「ちょっとした気配り」の実例や、その実践方法について書いたものです。

どれも本当に「ちょっとした」ことかもしれません。でも、そこにはきっとみなさんの仕事にも人生にも役立つ大きなヒントがつまっていると思っています。

川田　修

川田さんの横顔

朝日新書　編集担当

初めてお会いした時、川田さんはわざわざ朝日新聞出版まで出向いてくれました。今まで長く編集という仕事をしてきて、初めてお会いする時に著者の方に会社にいらしていただくというのは初めての経験でした。

川田さんの著書『かばんはハンカチの上に置きなさい』を読んで、営業マン・ウーマンに限らず大切な「気配り」について川田さんに書いてもらえたら、というお願いでお会いするのですから、普通はこちらから出向きます。

でも、川田さんは、

「初めてお会いする時は、必ずそちらの会社に出向いて、お会いする人や会社の雰囲気を直接感じたいんです」

と言って、にこやかに登場し、弊社の打ち合わせスペースの机を物珍しそうに眺めていました（今思うとその行動が川田さんという人を表していたのだということがよくわかります）。

その時、川田さんには多数の出版社から執筆依頼が舞い込んでいたそうですが、すべての出版社に自ら出向いて話をしたそうです。

「気配りというテーマは面白いと思いますが、ちょっと時間をください」

ということで、その日の話は終わりました。

実はその日、私がもうひとつ楽しみにしていたのが、本に書いてあった川田さんの深いお辞儀を見ることでした。

別れ際、川田さんはキチッと深い、深いお辞儀をして帰って行きました。


この日から1年ほど後に、この本の執筆を始めてもらえることになりました。

「気配りは営業の仕事だけでなく、私のような編集者にとっても欠かせませんし、社内の人間関係でも、ちょっとした気配りがあるかないかで、仕事が円滑に進むかどうかが違ってきますよね」

私がそう言うと、川田さんは身を乗り出して言いました。

「仕事は当然そうですが、仕事のシーンに限らず、みんなが今よりほんの少しだけ気配りをしたら、世の中はもっと良くなりますよね」

たとえば、後ろから来た人のために、しっかりとドアを押さえてあげる。ゴミに気づいたら、さっと拾う。つれ合いが料理を作ってくれたら、きちんとありがとうと伝える。そういうことの積み重ねで、みんなもっと気持ちよく生きていけるはず――。

この本のタイトルは『仕事は99％気配り』ですが、仕事だけではなくて、人間が生きている社会に欠かせないものとしての「気配り」への、川田さんの想いがこもっています。

気配りの達人である川田さんの視点は鋭く、「なるほど」と気づかされることがたくさんあります。私自身もこの企画を進めていく上で本当に勉強になりました。

どの言葉の奥にも、川田さんの「人間が好き」「みんながもっと気持ちよくなる社会にしたい」という温かい想いが流れています。

どうぞ、川田式「気配りの世界」へとページをめくってください。

仕事は99％気配り　目次

第1章

「ちょっとした気配り」が心に大きな変化を与える

1

飲み物ひとつでも、その会社の印象が変わる

営業という仕事柄、私は毎日いろいろな会社にお邪魔します。会社を訪れると、ほとんどの場合、お茶やコーヒーを出していただけます。

夏の暑い日はのどが渇いているので、おいしくいただけますし、冬の寒い日は体が冷えきっているので、体を温める意味でも助かります。

私のようなお客様でも何でもない、ただの訪問者に飲み物を出していただけることは、本当にありがたいことです。

ただ、実を言うと、私はコーヒーが苦手です。

もちろん出していただいた飲み物は何でもありがたくいただくのですが、プライベートでコーヒーを飲むことはまずありません。

ところが、ある会社を訪れた時のことです。

オフィスの脇にある打ち合わせ用のテーブルでお客様を待っていると、**テーブルの上に喫茶店のメニュー表のようなものが置いてある**のに気がつきました。

手に取ってみると、ホットコーヒー、アイスコーヒー、紅茶、アイスティー、オレンジジュース、ウーロン茶など、本当に飲み物のメニューが書いてあるんですね。

しばらく待っていると、女性が来て尋ねました。

「お飲み物は何になさいますか?」

なんと、その会社では、**お客様（私のような訪問者にも……）が好きな飲み物を選べるようになっていたのです。言うまでもありませんが、もちろん無料です。**

「なかなか面白い感性だなぁ……!」

と私は感心してしまいました。

何も言わなくても、お客様にコーヒーを持ってきてくれる。それはもちろんありがたいことですし、すてきな心遣いです。

でも、私に限らず、コーヒーが苦手な人はたくさんいるはずです。お茶アレルギーの人だっているかもしれません。もしかしたら前の訪問先でコーヒーを飲んでいて、違うものを飲みたいかもしれません。

そんなことまで想定して、来客の飲み物に気を配っている。

その想像力の豊かさが素晴らしいと思ったのです。

お客様の嗜好《しこう》に合わせて、いろいろな飲み物を用意しているというのは、ちょっとした気配りにすぎないのかもしれません。

けれども、**飲み物ひとつにも気を配れるということは、顧客や取引先、あるいは商品など、仕事全般に対して同じことがいえるはずです。**

このメニュー表には、独自の発想力や実行力、そしてホスピタリティの高さなど、この会社が持っている様々な魅力が凝縮《ぎょうしゅく》されていると思いました。

そして、実際にこの会社はどんどん業績を伸ばしているのです。

また、こんな会社もありました。

やはり営業で訪れた会社だったのですが、お茶を出していただいたので飲んでみると、これが**こぶ茶**だったのです。しかも、本物の昆布が入っていて本格的で、すごくおいしいんですよ。

「このこぶ茶、おいしいですね！」

私は自然と、そう口にしていました。

「だけど、どうして普通のお茶じゃなくて、こぶ茶なんですか？」

尋ねてみると、相手の方は言いました。

「川田さんも、営業でいろんなところをまわってくるでしょ。でも、どこの会社に行っても、緑茶かコーヒーを出すでしょう？

いきなりジュースを出すのもあれだけど、**せっかくお茶を出すんだったら、何か違うものを出したほうが、代わり映えがして喜んでもらえるんじゃないかと思って**」

こういう発想もあるんですねぇ。

こぶ茶の本格的な味にも感激しましたが、それ以上にその気配りが心に響きます。

そこまで気を配ることができるなんて、それだけでもすてきな会社です。

気配りというものは、こんなふうに相手を思いやって、ちょっとしたことに想像力を働かせることなのだと、しみじみ思いました。

気配りとはとてもクリエイティブなものなのです。

でも、そうは思っても、実際に同じことをするのは、なかなか難しいですよね。

「こんなことをしたら、相手が喜んでくれるんじゃないか?」

そう思うことはみなさんにもあると思いますが、多くの場合は、ただ「思う」だけで、具体的に行動はせずに終わってしまうのではないでしょうか?

たとえ些細《ささい》なことでも、本当に実行に移せることは素晴らしいと思います。

そういう会社ですから、やっぱりこの会社も売上を伸ばしています。

飲み物のメニュー表にしても、こぶ茶にしても、本当に「ちょっとした気配り」だと思います。ただし、それができるかどうかは大きな違いです。

たかが飲み物、されど飲み物。

小さな気配りができるからこそ、たくさんの人が集まるようになり、大きな成果もあげられるのではないでしょうか?

2

「また来よう！」と思わず決意した居酒屋店主のお辞儀

プライベートで都内にある小さな居酒屋さんに行った時のことです。

店内を覗くと、筆文字で書かれたメニューが壁中に並んでいて、テーブル席は三つ。あとはカウンターに6人くらいが座れるような、昔ながらの小さな居酒屋さんでした。

決して新しくはないけれど、清潔で、店内は活気にあふれている。

そんなお店で、私たちが来た時は、お客さんがいっぱいになっていました。

少し席が空くのを待っていたのですが、なかなか空きそうにありません。

「やっぱり、このまま待っていても難しいですね」

「ほかに行きましょうか」

初めて入ったお店でしたし、おいしそうな匂いがしています。何よりも独特の活気が感じられるその雰囲気の中で飲みたかったのですが、席がない以上は仕方ありません。

「ごめんなさい、また来ますね」

カウンターの中で忙しそうに働いている店主の親父さんに声をかけて、私たちはそのお店を出ました。

普通なら、親父さんが「あっ、すいません！」と言って、それで終わりですよね。

でも、そのお店は違いました。

私たちが店の外に出ると、店主の親父さんが急いで厨房《ちゅうぼう》の裏口から出てきたのです。そして私たちに向かって、深々と頭を下げて言いました。

「本当にすいませんでした！」

それはそれは、本当に申し訳なさそうな声でした。

こんなことを言ったら失礼ですが、親父さんは年季の入ったＴシャツ姿、お店も大衆的な、ごく普通のこぢんまりとした居酒屋さんです。

気配りやサービスが行き届いた高級レストランなどとは、対照的な印象のお店です。

でも、それだけに、その丁寧な対応が心に響きました。

私たちがそのお店の常連客だったら、まだわかります。しかし、私たちが来たのは初めて。しかも店内は満員。家族経営でやっているような小さなお店だったので、親父さんはてんてこまいの状態だったはずです。

カウンターから謝るだけでも、十分丁寧な対応でしょう。にもかかわらず、わざわざ厨房から外に出てきて、頭を下げて謝るなんて、なかなかできることではありません。

頭を下げた親父さんに見送られながら、そのお店をあとにしたのですが、

「このお店は絶対にいい！　また来よう！」

私はそう決意していました。

思いがけない親父さんのおわびには、それぐらいのインパクトを感じたのです。

時間にしてみたら、たった数十秒の出来事です。

しかし、その数十秒で私たちに与えたインパクトは絶大でした。

「そこまで一人ひとりのお客様を大切にして、気配りができるお店だったら、きっと料理もおいしいに違いない。あの活気はきっと、そんなところからきてるんだなぁ」

なにひとつ食べてもいないのに、私はすっかりそんな気持ちになっていたのです。

お客様すべてを大切にする――。

どんな会社も、どんな仕事も、それは共通していることだと思いますが、実際に実行できている人がどれだけいるのでしょうか？

そんなスローガンを掲げても、実行していくのはとても難しいことです。

大きなスローガンも、実は小さな行動の一つひとつに表れ、その積み重ねが大きなメッセージとなって人に伝わるのかもしれません。

もしも本当に、誰に対しても心の底から気配りができるようになれば、必ず仕事にも良い結果をもたらすはずです。

事実、この居酒屋の親父さんは、わずか数秒のお辞儀ひとつで、私というリピーターをひとり獲得してしまったのですから。

もっとも、親父さんは、そんなことを考えて頭を下げたわけではなく、本当に申し訳ないと思って、ただ謝ってくれたのでしょう。

そう感じるからこそ、ますます「すてきだなぁ」と思うのです。

おそらく、同じようなことを思った人はまだまだいるはずです。だから、このお店はお客さんでいっぱいになっていたのでしょう。

後日、そのお店を訪れてみると、今度は無事に入れました。ちょっと時代遅れな感じのそのお店は、やっぱりおいしいお店でした。働いている人は皆、元気で楽しそう。おいしく感じたのは、料理の味の力のおかげだけではなかったと思います。

3 一流ホテルは、やっぱり清掃スタッフも一流

お辞儀でもうひとつすごいと思った出来事があります。これも本当にちょっとした気配りなのですが、講演で訪れた大阪の一流ホテルに泊まった時のことです。

私が自分の部屋に行こうとして廊下を歩いていると、ハウスキーパーというのでしょうか、いわゆる清掃スタッフの女性とすれ違ったんですね。

こういう場合、目を伏せて軽く会釈をしながら、ささっと通りすぎていくスタッフの方が多いのですが、その女性は違いました。

すれちがう時、すっと一瞬立ち止まってから、会釈をして通りすぎていったのです。

私は思わず心の中でつぶやきました。

〝おっ、さすが一流ホテル！〟

いったい何に感心したのかというと、会釈をする時に一瞬立ち止まる、彼女の落ち着きのある動作が一流ホテルならではだと思ったのです。

というのも、ホテルの清掃スタッフの人って、なんとなくいつもバタバタしているようなイメージがありませんか？

清掃スタッフというのは、いわば裏方の仕事です。

どんな職業でも、舞台裏というのは、あまりお客さんには見せたくないもの。まして高級ホテルなら、なおさらでしょう。

清掃スタッフの方々は裏方の存在だと自覚されているので、廊下でお客様とすれ違うだけでも、うしろめたいような気持ちを感じているのだと思います。

だから、立ち止まらずに会釈をして、足早に通りすぎていく人が多いのではないでしょうか。

もちろん、それも立派な気配りのひとつだと思います。

でも、だからこそ、その女性の落ち着いた動作が強く印象に残ったんですね。

海外のホテルに泊まると、国によっては、受付の奥に事務用品やちょっとしたダンボールが置いてあったりして、ロビーからその様子が見えることがあります。

でも、日本のホテルは絶対にそういうところを見せませんよね。日本人のそういう気配りは、本当に素晴らしいと思います。

韓国の企業に声をかけていただいて講演に行った際に、向こうの人たちも、

「日本のホテルはやっぱりいい」

「気配りが素晴らしい」

と、言っていました。同じ日本人として、私も誇らしかったです。

裏方の部分を見せないという気配りは、日本人ならではなのかもしれません。

ただ、相手がうしろめたい感情を持っていることが伝わってくると、こちらも見てはいけないものを見てしまったような、うしろめたい気持ちになるのも事実。

ところが、その女性のように、すっと一瞬立ち止まって会釈されただけで、こちらのうしろめたい気持ちがすっと消えて、とても心地よく感じられました。

裏方の仕事でも、お客様に対して時には大きな印象を与えるのです。

それがわずか数秒の些細なことでも。

でも、そんな小さな心配りを積み重ねていくことが、どんな仕事にも必要なのではないでしょうか。

フロントの人の対応がとても気持ち良いというのはクチコミなどでも耳にしますが、究極のサービス業といえる一流ホテルは、清掃スタッフもやはり一流だと思いました。

4 アンチの人が講演の依頼をしてくれた理由

ちょっとした気配りが心に大きな変化を与える。私がそう実感した出来事のひとつが、生命保険を毛嫌いしている、ある社長さんとの出会いでした。

ちなみに、みなさんは「生命保険の営業」にどんな印象を持っていますか？

私は生命保険の営業として、これまで何千人もの人にお会いしてきましたが、残念ながら、基本的にあまり歓迎されることはありません。

おそらく、多くの人がマイナスの印象を抱いている仕事なのだと思います。

そもそも、私自身がそうでした。

もちろん今は違いますが、この仕事に転職するまでは「生命保険なんて人の命をお金に換える仕事だ」なんて思って毛嫌いしていました。

お世話になっている方から紹介していただいた、地方のとある有力企業の社長さんもそんなひとりだったのですが、その嫌い方は半端《はんぱ》じゃありませんでした。

「保険の話なんて、いっさい聞きたくない！」

東京から飛行機に乗ってその街を訪れて、初めてお会いした時、険しい表情を浮かべて腕組みした社長さんは、開口一番、そう言い放ちました。

「川田さんはほかの保険の営業とは違うから、とりあえず話だけでも聞いてみてよ」

紹介者の方はなんとか私のことを良く言ってくれようと、いろいろと話をしてくださったのですが、その社長さんは、

「生命保険なんてダメだ！」

の一点張り。もっとも保険の営業では珍しいことではないのですが、その人はアンチ生命保険と言っていいほど、徹底して生命保険にマイナスの印象をお持ちの方でした。

「それじゃあ、あとは川田さんに任せるからお話しして」

苦笑しながら紹介者の方にバトンタッチされた私は、こんな質問をしました。

「御社には営業の人は、何人くらいいらっしゃるんですか？」

いきなり保険とはまるで関係ないことを聞かれて、社長さんは少し驚いた顔をしていましたが、渋々という感じで口を開いてくれました。

「まあ、〇〇人くらいかな」

「ああ、そうですか。営業はどんなふうにされてるんですか？」

「どんなお客様が多いんですか？」

私はそんな質問を続けました。わざわざ東京から飛行機に乗ってやって来て、保険のホの字も話に出さないので、

「なんだこいつ？」

と思われたかもしれません。でも実は、この社長さんに限ったことではなく、私は最初にお会いした時は保険の話をしないことが多いのです。

なぜかというと、**どんな人か、どんな会社かもわからないのに、商品を売ることなんてできないからです。まずは相手がどんな考え方で、どんな文化を持っているのかを知ること。**

私の営業の仕事はそこから始まります。相手が会社の社長さんだったら、その会社の

ことも最初に詳しく知っておきたいのです。

また、私の得意分野は営業ですから、相手の会社の営業についていろいろな話を聞くことが、相手の人柄や、その会社のことを理解するためのいちばんの近道になります。最初は厳しい顔つきをしていた社長さんも、自分の会社の営業マン・ウーマンについて話をしているうちに、次第に口がなめらかになっていき、やがては、

「営業というのは、本当に面白い仕事だ!」

と、熱をこめて話をしてくれるようになりました。そして、自ら最近あった出来事について話をしてくれたのです。

「川田さん、営業といえばね、あるお客さんからクレームが入ったことがきっかけで、とても良い勉強をさせてもらったことがあるんですよ」

それはこんなお話でした。

その会社の営業の方がお客様の会社を訪問した時に、来客用の駐車場に車を停めたところ、その訪問先から、

「ほかのお客様が来るのに、どうして営業の人間が入口の近くに車を停めているんだ！」

と、クレームが入ったそうです。

「私はね、その話を聞いて、その通りだと思ったんですよ。それで**『お客様の駐車場では、来客用の場所には絶対に車を停めるな』と全営業に通達を出したんです**」

社長さんの話を聞いて、私は内心、驚きました。

お客様を訪問した時は、来客用の場所に車を停めないことはもちろん建物からいちばん遠い場所に車を停めるというのは、私が常に心掛けていることのひとつだったからです。

私たち営業マン・ウーマンは「訪問者」であって「お客様」ではない。

これは初めての著書『かばんはハンカチの上に置きなさい』にも書いた話ですが、私がこだわっている「ちょっとした気配り」のひとつでした。

もちろん、その日も私は建物の入口からいちばん遠い場所に車を停めていました。

紹介者の方がその話をしてくださると、社長さんも驚いていました。

帰る時には、私たちが入口からいちばん遠いところに置いた車に向かって歩く姿を、一緒に外に出て見送ってくださいました。

結局、その日は最後まで営業論のような話をして、私は東京に帰りました。保険の話はいっさいしませんでした。

その1カ月後、一通のメールが届いたのです。

「突然のメールで失礼します。一度しか会っていないうえに、苦言を申し上げた者です。あの日にお話ししたことが気になって、川田さんの著書『かばんはハンカチの上に置きなさい』を2回読ませていただきました。

なぜ2回も読んだかというと、弊社の営業マン・営業ウーマンに著書を配付して、感想文を提出するように伝えているからです。そのためにも、川田さんの言わんとしていることを、少しでも熟知しておこうと思ったのです。

本来からいえば、厚かましくて頼めるお願いではありませんが、弊社の研修会で講師をお願いできませんでしょうか。

無礼極まるお願いかもしれませんが、よろしくお願い申し上げます」

（ご本人の承諾のうえで、頂いたメールをそのまま掲載させていただきました）

こんなこともあるんですね。

その社長さんとはまだ保険の話はしていません。「保険は必要ない」と言っている人ですから、今後も保険の話に繋がるかどうかはわかりません。

仕事の成果だけで考えたら、営業としては失格かもしれません。

でも、車を停めた場所だけで、ほんの少し生命保険に対しての印象は良くなったと思っています。そして何よりも、ひとつの大切な「ご縁」ができました。

手前味噌になりますが、それってすごいことだと思いませんか？

人の縁というのは、どこでどうなるかわかりません。その社長さんも、いつの日か私のお客様になってくれることがあるかもしれません。

いいえ、たとえそうでなくても、まったくかまいません。自分なりのこだわりを認めていただけて、講演の依頼までしてくださったのです。

それだけでも心が熱くなります。

車を停める位置に気を配るなんて、本当に些細なことです。

でも、そんな「ちょっとした気配り」でも、仕事や人間関係に大きな変化をもたらすことがあるのです。

仕事は99%気配り——。やっぱり私はそう思います。

5 おかみさんの太っ腹なサービスに感じた絶大なインパクト

北海道のとある地方に出張した時の話です。商談を終えた私は、知り合いの方々と3人で炉《ろ》端《ばた》焼きのお店に入りました。

おばちゃんが3人くらいでやっている小さなお店で、とても賑わっていました。

カウンターには竹ザルが並んでいて、ホッケの干物や銀ムツなどが大きな葉っぱの上に無《む》造作《ぞうさ》に置かれています。

黒板に書かれたお品書きを見ると、お酒や料理の値段に混じって「私（時価）」なんて書いてある、気さくな雰囲気のお店でした。

いくつか料理を頼んで食事をしていると、注文していないはずのお新香が出てきました。「あれ？」と思っていると、おかみさんが何気ない口調で答えます。

「サービスなんで、よかったら食べて」

でも、**それがサービスとは思えないくらい、ものすごいボリュームなんですね。**

特にそのお店の名物らしい「山わさび」がドーンと山盛りになっていて、3人ではとても食べきれないほどの量でした。

山わさびというのは、北海道名物の白いわさびです。かなり辛いのですが、お刺身をはじめ様々な料理と合わせても良し、あったかいごはんに乗せて醤油《しょうゆ》をたらして食べたりすると、もう絶品。とてもおいしいんです。

山盛りの山わさびに舌つづみを打ちながら、いろいろな料理を堪能していると、最後にりんごのシャーベットが出てきました。

りんごを丸ごとくりぬいて、中にシャーベットが入っている、これまたかなり贅沢な

デザートだったのですが、なんと無料のサービス。

思いがけないデザートもおいしくいただいて、すっかり満腹でしたが、なんとなくお品書きを眺めていたら「タコのやわらか煮」というメニューが気になってきました。食べてみたいけど、すでにおなかはいっぱい。しかも、そのお店は一品ごとにかなりボリュームがあるので、注文してもきっと食べきれません。

でも、やっぱり気になってしまうので、おかみさんに声をかけてみました。

「タコのやわらか煮っていうのは、やっぱりすごくやわらかいんですか？〝やわらか煮〟っていうぐらいですから」

「やわらかいだけじゃないよ。おいしいよ」

おかみさんは少しぶっきらぼうな、でもどこか温かみのある口調でそう答えてくれました。ますます気になってきます。

「ちょっとだけ味見ってできません？　当然、お代はお支払いします。でも、一人前は食べられなくて……」

思わずそう口にすると、おかみさんは黙って冷蔵庫を開けて、タコを2切れくらい小皿に乗せて出してくれました。

でも、何も言わないんですね。

もしかして……。そうなんです。どうやらそれもサービス。

で、食べてみると、これがまたおいしいんです。


その頃にはお店に残っているのは私たちだけになっていて、おかみさんと少し話をしながら一緒に飲むことになりました。

「おいしいだけじゃなくて、おかみさんのこだわりを感じるお店ですね」

太っ腹なサービスの連続に気分が良くなってしまった私がそんな話をすると、おかみさんは、

「そう?」

と、またぶっきらぼうな口調で答えながら、私たちの空いたジョッキに生ビールを注いでくれて、一緒に乾杯しました。

「私はこのお店を愛してるから」

ビールを口にしたおかみさんは、とつとつと語り始めます。

「でもね、私はお客さんに媚びるつもりはないの。私のお店を好きだと思う人だけが来てくれればいいと思ってる」

私はそんなにお酒が飲めないのですが、おかみさんの話を聞いているうちに、知らず知らずのうちにビールを口に運んでいて、気づくとジョッキは空に。

すると驚いたことに、またビールを注いでくれたのです。

この追加のビールもなんとサービスで、1杯ならまだしも、2杯も生ビールをサービスしてくれるお店なんて滅多にありません。

しかも私たちは3人だったので、計6杯。

金額にしたら……。

それ以前に、山わさびやシャーベット、タコのやわらか煮までサービスしてくれているのですから、合計すると……。

採算を度外視したような徹底したサービスに、私はもう圧倒されていました。

もちろん、おかみさんは経営者です。

きちんと原価計算をしたうえでの無料サービスでしょうし、そうすることで、お客さんがまた来てくれるということもわかってやっているのかもしれません。

でも、たとえそうだとしても、なかなかできないことです。

お客様に満足してもらえるサービスをして、お店のファンになってもらう。

きっとどんなお店でも目指していることだと思いますが、本当にファンになってもらうのは至難《しなん》の業《わざ》。

それを実践しているおかみさんのすごさに、学ぶことが多い夜でした。

「気持ちの良いお店でしたねぇ」

「いやぁ、すごかった」

お店を出ると、私たちはすっかりファンになっていました。

雪が舞い散る寒い夜でしたが、心も体もすっかり温かくなっていました。

またこの街を訪れる機会があったら、私は必ずこのお店に来るでしょう。サービスを期待してではありません。おかみさんにまた会いたいからです。

6 箸の袋、どうしてますか？

この話も、とある地方に出張した時の出来事です。企業保険の契約をするために、私はある街の会社を訪れました。

「会社っていうのはさぁ、社員と社員の家族の幸せがあっての会社なんだよ」

この会社の社長さんは、社員を幸せにすることや、地元の街を元気にすることに、とても積極的な方で、お会いすると必ずそんな話になります。

ある時はこんなことを聞かれました。

「川田さん、なんか社員たちが喜ぶ福利厚生ってないかな？」

「**社員の結婚記念日に、社長行きつけのレストランに夫婦で行って食事ができるようにプレゼントしている会社がありますよ。**イタリアン、和食、フレンチと、いくつかの候

補の中から、社員が好きなお店を選んで行けるっていう福利厚生なんですよ」などと私が知っている会社の例をお話しすると、

「それ面白いね！」

と喜んでくれて、次に会った時には「あれ、やることにしたから！」と言って、もう全社員に通知したと嬉しそうに話してくれるような人なのです。

そういう社長さんなので、社内で上下の壁もなく、50人くらいの社員みんなが仲良く元気に働いている、そんな明るい雰囲気の会社です。

何度目かに訪れたその日は、契約の手続きなどに時間がかかって、気がつくと夜遅くなっていました。

窓の外を見ると、会社の敷地内で社員の人たちがバーベキューの準備をしています。なんでも金沢からお客様が来ているので、バーベキュー大会でおもてなしをするということでした。

「バーベキュー？」

不思議に思って社長さんに尋ねると、

「いやさぁ、このへんでどこかお店に連れて行くっていっても、金沢ならいくらでもおいしいお店があるでしょ。だったら、せっかくだから社員ともコミュニケーションをとってもらいたいし、そのほうが面白いじゃない？　川田さんも食べていってよ」

そんなことを言ってくださるんですね。

「いやいや、でも、まだ仕事がありますから」

「これも仕事だよ。おいでよ」

一緒に働いている奥様まで「せっかくですから、ぜひ」と熱心に誘ってくださるので、私もバーベキュー大会にお邪魔させてもらうことにしました。

オフィスから敷地内に出てみると、肉を焼いたり、豚汁を作ったり、社員のみなさんが大急ぎでバーベキューの準備をしています。

すこし寒い夜だったので、バーベキューに近づいて炭火の炎に手をかざして暖まっていると、「どうぞ」と声がしました。

振り向くと、若い社員の男の子が、袋に入った割り箸を差し出してくれています。

それまで火をおこしていたらしくて、顔は汗だくでした。

「ありがとうございます」

私がお礼を言って割り箸を受け取ると、

「袋だけいただきます」

彼はそう言って、私の割り箸の袋だけをすっと抜いたのです。

私は〝おっ！〟と思いました。

割り箸を渡すだけなら、あらかじめ袋を抜いて箸だけ渡してもいいわけですよね。

なのに、袋に入ったままのキレイな状態で両手で丁寧に渡してくれて、私が受け取ってから、袋だけをすっと抜き取ってくれる。

その細やかな気配りと、割り箸を使うと袋が邪魔になるという、相手の一歩先の行動を想像できる感覚が素晴らしいと思ったのです。

一流レストランや老舗《しにせ》の料亭などのスタッフで、徹底的にサービスの教育を受けた人だったら、そういうこともできるかもしれません。

でも、普通の会社に勤めている田舎の朴訥《ぼくとつ》とした若い男の子が、そういう気配りのセンスを身につけていることに感心しました。

そんなことができるのは、社長さんの普段の気配りが社員全員に伝播《でんぱ》しているからではないでしょうか？

男の子が箸の袋を抜いてくれた瞬間に、福利厚生について嬉しそうに話している社長さんの顔やハリのある声、いきいきと働いている社員の人たちの様子がパッと浮かんできて、一本の線で繋がりました。

そして、私は改めて思ったのです。

「企業はトップがすべて」だと。

「またすてきな会社とご縁ができたなぁ」と。

たいていの会社は、ルールやマニュアルで社員の行動を促しています。

コピー機は次の人のことを考えてこう使いましょう、シュレッダーはこうしましょう。

そういうルールを作ることで、お互いに気配りができるようにしている。

けれども、この会社はルールやマニュアルではなく、お互いを思いやれる会社の雰囲気によって、社員同士が気遣いあえるようになっているのだと思います。

だから、私のような外部の人間に対しても、自然に気配りができるのでしょう。

もしかしたら、過大評価なのかもしれません。男の子が箸袋をすっと抜いてくれたことも、ただの偶然かもしれません。

でも、その時、私はそんなふうに感じたのです。

そう感じさせてくれるような雰囲気の会社だったのです。

「この会社はきっと、まだまだ伸びる。もし自分になにかできることがあれば、この会社を大きくするために協力したい」

私はそう思っています。

「たかが割り箸一本で大袈裟だなぁ」と思いますか?

しかし、**その会社の文化というのは、細部にこそ表れる**のだと思います。

考えてみてください。こんなふうに周囲の人間が自然に協力したくなる会社が、成長していく会社なのではないでしょうか。

たとえ割り箸一本でも、いえ、たかが割り箸一本だからこそ、普段の行動が反映されるものです。

後日、この会社を再度訪問した際に、いちばん初めに「いらっしゃいませ」とあいさつをして、私が帰る時に、いちばん早くサッと立ち上がり「ありがとうございました」と見送ってくれたのも、その彼でした。

7 転職のきっかけは、自分用の靴べらと汚い字のハガキ

ちょっとした気配りに感動して、時には人生の一大決意をしてしまうようなことも実際にあります。

というのも、なにを隠そう、実は私自身がそうでした。

この章の最後に、自己紹介も兼ねて、そのエピソードをお話しししたいと思います。

それは今から15年以上前のことです。当時の私は28歳でした。大学を卒業した私はリ

クルートという会社に入って、学校法人の営業をしていました。

入社して5年くらいがすぎて仕事にも慣れてきた頃で、当時の私は着実に実績を上げていました。

部署や全社の最優秀営業マン賞を何度か受賞し、仕事への自信も出てきて、「自分は一人前の営業マン」と自負していました。

そんなある日のこと、妻がこんなことを言いだしたのです。

「もうすぐ子どもも生まれるから、生命保険のことを一度ちゃんと考えてほしい」

正直「えーっ?」と思いました。

すでに書いたように、当時の私は生命保険が大嫌いで、営業に来られても一度も話を聞いたことがありませんでした。

「……そもそも結婚したばかりなのに、なんで俺が死ぬ時のことを考えているんだ?」

なんて心の中でぶつぶつ文句を言いつつも、それでも妻の言っていることもわからなくもないので、とにかく一度、話だけでも聞いてみることにしました。

そうして我が家にやってきたのが、プルデンシャル生命の営業マンでした。その人の前職は、私が勤めていたリクルートの営業マン。

妻の元上司にあたる人で、プルデンシャル生命に転職したその人に勧められて、妻は何年か前に生命保険に入っていたのです。

妻の紹介ということで我が家を訪れたその営業マンは、

「生命保険というのは、人が人を思う気持ちを形にしたものなんです」

そんなふうに話を始めて、商品の説明は一切せず、保険にまったく興味がない私にもわかるように、生命保険の役割やその必要性について説明してくれました。

強引に勧誘したりすることもなく、保険にまつわるエピソードを嚙み砕いて話してくれたので、私もいつの間にか話に引き込まれていました。

「保険のことをよく知りもしないで、毛嫌いしていたんだな……」

話を聞き終わる頃には、自分が食わず嫌いであったことに気づき、次回の訪問では商品の説明を聞くことをお約束して、玄関まで見送りました。

「どうぞ」

玄関で私が靴べらを差し出すと、その営業マンは、

「結構です」

と言って、スーツのポケットから自分の靴べらを取り出しました。そして、その靴べらを使ってシュパッシュパッと素早く靴を履いて、颯爽《さっそう》と玄関を出ていったのです。

「かっこいい……！」

その無駄のない洗練された動作に、私は思わず目を奪われました。

一流のスポーツ選手は動作のすべてが美しいように、私には彼の一連の動作に一流営業マンのオーラが感じられたのです。

と同時に、「自分の靴べら」を持参していることに大きな衝撃を受けました。

当時の私は、営業でお客様のところにお邪魔しても、靴べらなんて使ったことがなく、いつも人差し指をかかとに差し入れて靴を履いていました。

ひどい時には、爪先でトントンと地面を叩いて靴を履くありさま。

「最優秀営業マンとかって表彰されて、いっぱしの仕事ができる気になっていたけど、俺なんてまだまだ子どもの営業マンじゃないか……」

靴の履き方ひとつで、相手に与える印象が大きく変わるなんて考えたこともありませんでした。同じ営業マンなのに、雲泥《うんでい》の差です。

「今まで出会ったお客様は、俺のことをどう思っていたんだろう？」

私は自分の未熟さを痛感して、恥ずかしい気持ちになったのですが、ただ、それ以上に一流の営業マンと出会えた衝撃は大きいものがありました。

「営業マン・ウーマンは『訪問者』であって『お客様』ではない。

だから、営業マン・ウーマンはなるべく『お客様』のものを使うべきではない。

靴べらひとつでも、そういう気配りが必要」

これは現在の私が大事にしている営業においての心掛けですが、そう思うようになったのは、この出会いがきっかけでした。


あんなに保険嫌いだったのに、彼の二度目の訪問を私は楽しみに待っていました。二度目の訪問で商品の具体的な説明をされた時は、もう保険に入ることを決めていました。保険の内容がどうのこうのというよりも、

「この人から保険を買いたい！」

という気持ちになっていたのです。

その日も彼は自分の靴べらを使って、スマートに靴を履いて帰っていきました。

「話も上手だし、本当にすごい人だな……」

自分が同じ営業マンであることを忘れてしまうほど、私は彼の一流のオーラに魅了されていたのですが、さらに翌日、また衝撃を受けたのです。

会社に出かける前にポストを開けてみると、1枚のハガキが入っていました。

差出人は数時間前まで我が家にいた営業マンの彼でした。

「今日は話を聞いていただきまして、ありがとうございました。私は若輩者ですが、今後はお互い一緒に成長していきましょう」

ハガキには、そんな趣旨のことが、手書きの文字で書かれていました。

それが、まるでミミズがのたくったような、ものすごく汚い字だったんです（大変失礼な言い方ですが事実なので……）。

しかし、私は思いました。

「昨日うちに来て、翌日にはもうハガキが届いている。しかも、この汚い字……。

ということは、きっとうちを出た瞬間に、どこかこのあたりの壁を使ってハガキを書いて、すぐにポストに投函したに違いない」

私の頭の中には、マンションのエントランスの壁にハガキを押し当てて、不安定な状態でハガキを書いている様子がパッと浮かんでいました。

会社に戻ってから、お礼のハガキを書くなら、まだわかります。

でも、お客様のところを出た瞬間にハガキを書くなんて発想は、当時の私にはありませんでした。

「ものすごい気配りのできる人だなぁ……!」

私はすっかり彼のファンになってしまいました。

そして、生命保険に加入しただけではなく、その2年後には「一緒に業界を変えよう」と誘われて、プルデンシャル生命に転職することになったのです。

ただし、この話にはちょっとしたオチがあります。

同じ職場で働くようになってからわかったのですが、実はその人は普通に書いてもミミズののたくったような字を書く人でした。

でも、当時の私は、そんな汚い字にさえ思い入れを持ってしまうくらい、その人の気配りの行き届いた所作に魅了されていたのです。

今になって冷静に振り返ってみると、自分用の靴べらを持ち歩いたり、すぐにお礼のハガキを書くというのは、ほんのちょっとした気配りにすぎないのかもしれません（その後、私もすぐに真似するようになりましたが）。

けれども、そんな小さな気配りに感激して、私は営業マンから商品を買いました。さらには転職までしてしまいました。

私はこれまで何千人という人と出会ってきて、いろいろな人の「ちょっとした気配り」に何度も感動を味わってきました。

たとえほんの小さな気配りでも、人の心を大きく動かすことがあります。どんな仕事も人間がやっている以上、これはとても重要なことなのだと思います。

第2章

気配りの基本は「相手目線」で考えること

1

会食中に気になった、後輩の偉そうな姿勢

私の会社では「ロールプレイング」と呼ばれる営業トークの練習があります。営業マン・ウーマンふたりが、ひとりをお客様に見立てて、実践的に話し方の訓練をするのです。

その様子をビデオカメラで撮影して、あとでチェックすると、自分では気がつかなかったいろいろなことがわかります。

たとえば、いつも体がちょっと斜めを向いているとか、自分ではオーバーアクションのつもりだったのに、案外そうでもなかったとか。

ひどい場合には、そのビデオを参考に矯正していくわけです。

ちなみに、私は話をしながら、鼻を触る癖があることに気がつきました。それほど問

題ではないと思ったのですが、意識して直すようにしました。

さて、この練習で重要なのは、必ずお客様側の肩口から撮影することです。自分がお客様の目にどう映っているのか、「相手目線」になって物事を考えることが営業の基本になっていくのです。

相手目線で物事を考える。

これは気配りを実践するうえでも、とても重要なことだと思います。その意識がないと、相手に対してとんでもなく失礼なことをしてしまったりします。


以前にこんなことがありました。

私と後輩、とある会社の社長さん、その会社に入ったばかりの営業担当の若い女性の4人で食事をした時のことです。

和食のお店に行って、テーブル席で食事をしていたのですが、私は向かい側に座っている営業担当の若い女性の態度がすごく気になりました。

というのは、イスの背もたれに寄りかかって、肘置きに腕を置き、体を斜めにして、ずっと話を聞いているのです（実際にはそこまで偉そうな姿勢ではなかったかもしれないのですが、あえてこう表現します）。

「新入社員だと思って、保険の営業マンになめられちゃいけない！」

おそらく、そんな気持ちで私たちと対峙していたのでしょう。

社長さんも私も、イスの背もたれには寄りかからず、普通に前傾姿勢で話をしていました。相手を尊重しようと思ったら、自然とそういう姿勢になるはずです。

彼女を見て、

「この人は何様なんだろう?」

正直、そんな不愉快な気持ちになりましたが、たしなめるわけにもいきません。で、ふと横に座っている後輩を見たら、なんと彼もまたその女性と同じように、イスの背もたれに寄りかかって、同じような姿勢で話を聞いているのです（これもまた、そこまで偉そうな姿勢ではなかったかもしれませんが……）。

私は急いでトイレに行って、紙にこんなメモを書きつけて戻ってきました。

「背もたれに寄りかかって、人の話を聞くな。

○○さん（その女性）が、ずっと背もたれに背中をつけて話を聞いている姿が偉そうで、俺はどうしても気になる。△△君は気にならないのか？　△△君がやっているのは、あの人と一緒だぞ」

その紙を折り畳んで、メモの表に「トイレに行って中を見ろ」と書いて、席に戻って座る時にそっと後輩に渡しました。

トイレに行ってメモを見て来た後輩は、それ以降はきちんとした姿勢で話を聞いていましたが、食事会が終わって、後輩とふたりきりになると私は言いました。

「俺は営業についていろんなことを教えてるけど、トークなんかよりもっと大事なことがある。相手目線で物事を考えるっていうことのほうが、もっと根っこの部分だから」

そんな話をしてから、彼に聞きました。

「あの社長さんは、何回くらいイスの背もたれに背中をつけたと思う？」

「2〜3回です」

「そうだよな。注意してから、2〜3回ちょっと背中をつけたシーンもあったけど、一瞬だっただろ？　△△君はずっと背中をつけて喋ってたの気づいてたか？」

「無意識でした」

「相手の女性はどうだった？」

「川田さんの手紙を読んで、意識して見たら、ずっと背中をつけて座ってました」

「どう思った？」

「たしかに、偉そうでした」

「でも、△△君もそういうふうに見えてたんだよ」

「恥ずかしいです。実は僕、妻にも注意されたことがあるんです」

彼はそう言って、ずいぶん反省しているようでした。

ただ、後輩といっても、彼はすでに38歳。しかも以前は日本を代表する大手の銀行に勤めていたのです。


そんな立派な経歴を持つ元銀行マンの彼でさえも、注意されないと気づかないくらい、相手目線で物事を考えるというのは、難しいことなのかもしれません。

後輩の名誉のためにお伝えしておきますが、彼はとても頭が良い男です。頭が良い人は、意外と人からの注意やアドバイスを受け入れがたい人が多いものですが、彼は違いました。

一つひとつを学び取ろうと、必死に食い下がってきます。それ以来、食事をしても同じ過ちはおかしません。

そんな彼が成長し、実績を上げることを信じています。

私も偉そうなことを言っていますが、自分でも無意識のうちに、相手に対して失礼なことをしてしまっていることもあるでしょう。

でも、気持ちの持ち方ひとつで、自分の行動を変えることはできます。

相手を尊重して、想像力を働かせる。

そのように意識すれば、少なくとも、イスの背もたれに寄りかかって、失礼な態度で人の話を聞くことはなくなるはずです。

この章では、「ちょっとした気配り」を実践するうえで非常に重要な「相手目線で物事を考える」ということについて、お話ししてみたいと思います。

2 メール一本でも相手目線で考える

私が後輩の姿勢を注意した一件から数カ月後、その後輩と一緒に、とあるお客様のところに営業に行くことになりました。

私はサポート的な立場で関わることになっていたので、アポイントは彼の担当です。営業に行く前日、彼からメールで連絡が来ました。その時のやりとりを紹介させていただきます。

後輩「明日ですが、錦糸町《きんしちょう》、押上《おしあげ》から、ともに徒歩8分です。どちらがご都合よろしいですか？」

川田「どっちでもいいよ。まかせます。半蔵門線《はんぞうもんせん》で行きます」

後輩「では、半蔵門線の錦糸町駅、進行方向の前の方、
4番出口を出たところで、9時50分くらいにお願いします」
(後輩に了解を得て、そのまま載せています)

このメールのやりとりを読んで、みなさんはどう思いました?

一見なんでもないような、ごく普通の日常的なやりとりにすぎませんが、私にとっては後輩の成長の片鱗《へんりん》がうかがえる、とても嬉しい内容でした。

彼の成長が感じられたのは、「進行方向の前の方」という一言です。

私が待ち合わせ場所に行くのに、どんな行動を取るのか。「進行方向の前の方」の一言に、彼が私の立場になって考えてくれた姿勢が感じられました。

このままだとたぶん、当日、私は、

「4番出口というのはどこだろう?」

と、探すことになっていたでしょう。

せいぜいそのくらいの、私自身も気にならないほど些細なことですが、具体的な乗車

位置を指示してもらえたおかげで、そんな一瞬のストレスさえも感じなくて済みました。

こんなことが想像できます。

私が初めて行く場所だったので、彼は事前に乗り換えサイトなどで調べて、少しでも私の負担を少なくしようとしてくれたのでしょう。

「もっと相手目線になって物事を考えなきゃダメだよ」

そんなことをいつも言われている後輩が、相手目線で考えて、自分を変えようとしている。

彼の「ちょっとした気配り」のおかげで、私も気持ちよく営業に行くことができますし、いつも伝えていることが無駄じゃなかったと嬉しい気持ちになれました。

たとえメール一本でも、相手に与える影響は決して小さくはありません。

いいえ、今の世の中では、メールのやりとりこそが仕事やコミュニケーションの中心となりつつあると言っても過言ではないでしょう。

そう考えると、**メールでやりとりする時には、特に「ちょっとした気配り」が必要な**

のかもしれません。

私がメールを書く時に注意しているのは、必ず「曜日」を書くことです。

「○月○日のご都合はいかがですか？」

これは一見、ごく当たり前のメールの文章ですが、自分のスケジュールを曜日で覚えている人は意外と多いはずです。また、それが月曜日なのか、金曜日なのかで、パッと浮かんでくるイメージが変わってくることもあります。

「月曜日の夕方ならいいけど、金曜日の夕方は避けておきたいな」

みなさんもそういう感覚ってありますよね。

どのみち、手帳を開いてスケジュールや曜日を確認することにはなるのですが、

「○月○日（金）のご都合はいかがですか？」

と、メールに曜日が書いてあれば、見た瞬間にある程度の判断ができて、相手の方はカレンダーやスケジュール帳を見る手間が省けるかもしれません。

もうひとつ、意外と疎《おろそ》かになりがちなのが**「署名」**です。

「プルデンシャル生命　川田」

とだけ書いておけば、とりあえず問題はないわけですが、やはり住所や電話番号などをきちんと書いておくことは必要だと思います。

たとえば、ある人に郵便や宅配便を送ろうと思った時に、住所がわからなくて名刺を探したりするのって、結構な手間になりますよね。

私の会社の場合、お客様の住所を調べる時は、パソコンで既契約のデータを立ち上げて、パスワードを入れて検索する、といった手順が必要で、かなり面倒くさいです。

でも、**メールの署名に住所や電話番号が書いてあれば、メールボックスの受信メールに検索をかければ、すぐに確認することができますよね。**

自分がしてもらってプラスと感じたことは、相手に対してもする。

これが「ちょっとした気配り」の基本だと思います。

おつき合いのある監査法人の事務所が業績を伸ばしているので、その理由を尋ねてみると、こんなことを言ってました。

「理由はシンプルなんですよ。**お問い合わせのメールをいただいたら、その日中に必ず返信することです。**この業界では、そういう事務所は少ないんですよ」

弁護士や司法書士や公認会計士、その他の先生と呼ばれるような、いわゆる「士業」の人たちほど、お客様に対する配慮が欠けているのだとか。

だから、**ちょっとでも気配りを心掛ければ、他社との差別化が容易**なのだそうです。

もちろん業績を伸ばしている理由は、それだけではないのでしょうが、メールの対応ひとつでも、相手に対する印象が変わるのは確かです。

こちらの事務所は、お客様の心を知っているから、顧客が増えているのでしょう。

メール一本でもあなどれません。

みなさんもメールを送る前には、ほんの少し考えて、「相手目線」になった気配りができているのかどうか、チェックしてみてください。

3

とある焼き鳥店の、気配り上手な感性を磨くための方法

ある焼き鳥屋さんに行った時のことです。そこそこ広いお店で値段も庶民的。ちょっとこじゃれた焼き鳥屋さんなのですが、〝おっ！〟と思うことがありました。

カウンターに座って食事をしていると、何席か離れた席に座っていた女性がカーディガンを羽織ったのです。すると、カウンターで調理をしていた人が聞きました。

「寒いですか？」

女性は手を横に振って、カーディガンを指差して答えます。

「あっ、大丈夫です。持ってきましたから」

お客様がカーディガンを羽織ったから、スタッフが気遣いの言葉をかける。

優しい心配りですが、ここまではよくあることかもしれません。

ところが、30分ほど経過した頃でしょうか、その女性がカーディガンの胸のあたりをかきあわせるような、ほんのちょっと寒そうな仕草をしたんですね。

先程の調理をしていた人は、その様子も見ていたのでしょう。すぐにホールスタッフに言いました。

「膝掛けをお持ちして」

すると、ホールスタッフの人が、すぐに膝掛けを持ってきたのです。

そのやりとりを横で見ていて、私は思いました。

「すてきなお店だなぁ……」

ほんの一瞬のお客様の動きです。この調理係の人は、女性がカーディガンを羽織った時から、ずっと彼女のことを気にかけていたのでしょう。

彼女がちょっとした仕草をした時に、改めて「寒いですか？」と尋ねても、彼女はお店に気を遣って「大丈夫です」と答えるかもしれません。

でも、言葉はなくても、寒いことは感じ取れる。

「それなら……」と。

ほんのわずかな仕草も見逃さない観察力、お客様の立場になって考えられる想像力、「寒いですか?」と、もう一度確認するのではなく、「膝掛けをお持ちして」とすぐに指示ができる判断力、どれをとっても素晴らしいと思いました。

相手目線で物事を考えるというのは、こういうことを言うのでしょう。

後日、このお店の経営者の方とお話をする機会がありまして、すてきなスタッフが育っている理由がわかりました。

「とっても気配りが行き届いている、すてきなお店で感激しました」

私がカーディガンの件をお話しすると、経営者の方がこのお店のスタッフが毎日やっている、少し変わった習慣について教えてくれたのです。

それは、ミーティングの時間に**毎日20分間、スタッフ全員が店内の30センチ四方をそれぞれ担当して、ひたすら磨いてキレイにする、**というものでした。

「30センチ四方」というのが、重要なポイントだそうです。

狭い範囲を20分間も磨き続けるというのは、一見するとあまり意味のない行為に思えますよね。

でも、このお店でやっているのは、汚れを取ることが目的ではありませんでした。

小さなことに気づき、気配りができる「感性」を磨くために毎日30センチ四方を磨いているというのです。

「う〜ん、なるほど……！」

私は思わずうなってしまいました。

みなさんも経験ありませんか？

大掃除などで机やテーブルを磨いたりする時に、なかなか取れない黒ずみがあっても、何度も何度も必死に磨いていると、やがてきちんと汚れが取れる。

一カ所をそうやってキレイにすると、ほかの黒ずみも気になってくる。汚れだけでなく、少し斜めに置かれている物をまっすぐにしたり、並んでいる物の面を揃えたりしたくなる。

ひとつの細かいことに気がつけるようになると、ほかの細かいことにも気がつけるように意識が変化していくのです。

普段からそうやって細やかな感性を磨いているからこそ、調理係の人は女性客のほんのわずかな仕草にも気づけたのでしょう。

この焼き鳥屋さんのトイレには「消防署の方に○○（お店がある地名）で一番キレイなトイレですと言われました。ありがとうございます」と、メッセージが貼られています。

いろいろな意味で〝お見事です〟と言わざるをえません。

すてきなお店というのは、インテリアや照明で創られるのではないのです。

そこで働く人の「感性」こそが、居心地の良い空間を創り出しているのだと思います。

4 「小手先の気配り」と「本物の気配り」

私は2009年に『かばんはハンカチの上に置きなさい』という初めての著書を出させていただきました。今ではビジネス書のロングセラーになっているそうで、数多くの人に読んでいただいています（ちなみに「かばんをハンカチの上に置く」というのは、私が実践している気配りのひとつです。お客様の自宅や靴を脱いで上がるオフィスでは、ハンカチを敷いて、その上にかばんを置いています。電車やオフィスの床に置いたりする営業かばんは、土足と一緒です。そのまま床に置くのは、土足で上がり込むのと同じだと思うのです）。

感想メールもたくさん頂戴して、今は700通を超えました。本当にありがたいことだと思います。ただ、メールを拝見していて、ちょっと気になることがありました。

この本に対する感想は、はっきりと二通りに分かれています。

「私も明日からは、かばんはハンカチの上に置きます」

「さっそく携帯用の靴べらを買いました。僕も川田さんの真似をさせていただきます」

といった、営業のノウハウやテクニックについての感想と、

「この本はテクニックの話のようで、実はそうじゃなかったんですね。仕事や人生の心構えについて書いた本だと思いました」

といった、おもに心構えの部分に対する感想の二種類に分かれているんですね。

どのように読んでいただいても、もちろん嬉しいのですが、私自身が特にお伝えしたかったことは、実は後者でした。

「大切なのはテクニックではなくて、相手の立場に立って気配りできることです」

自分としては、そういうメッセージもしっかり書いたつもりだったのですが、きっと言葉足らずだったのでしょう。

「お客様にこういうことをしたほうがアピールできる」

といった、表面的なテクニックのほうが注目を集めてしまったようです。

しかし、本当に大切なのはそこじゃありません。

たとえば、かばんをハンカチの上に置かない営業マン・ウーマンはダメな営業なのかといったら、全然そんなことはないのです。

重要なのは、お客様の立場になって物事を考えられること。

かばんをハンカチの上に置くのも、お客様の靴べらを使わないことも、そのための方法であって、テクニックを真似するだけでは意味がありません。

ですから、感想メールをくださった方々に、私はこのように返信しているのです。

「あなたの中に変化はあらわれましたか?」

先に紹介した焼き鳥屋さんは、テーブルの30センチ四方を徹底的に磨くことで感性が研ぎすまされて、お客様のわずかな仕草も見逃さないようになりました。

同じように「かばんをハンカチの上に置く」というひとつの行動をすることによって、ほかのことも気になってくると思うのです。

「かばんはきちんと置いてるのに、靴が汚れてるのはマズいよな」とか、「今まで相手の話を聞く姿勢がなってなかったなぁ」とか「自分はお客様のことを一番に考えて商品を提供できているかな?」とか。

そのような**変化が自分の中に訪れない限りは、小手先のテクニックを真似しているだけで、本質的なことは何も身についてない**のだと思います。

というのも、以前の私がそうでした。

かばんをハンカチの上に置くようになったのも、自分用の靴べらを持参するようになったのも、最初は先輩営業マンがやっていたことを真似しただけです。

「かっこいいな、俺もやろう！」

「こういうことをしたら、お客様に一目置いてもらえるかも！」

出発点は、そんな浅はかな動機でした。

「どうしたらお客様に、ほかの営業マン・ウーマンより良い印象を与えられるのだろう？」

当時の私が考えていたことは、それだけだったかもしれません。

最初はそんな計算から始めたことでしたが、ずっと続けていくうちに、次第に自分の中に変化があらわれました。

営業成績を上げるためにやっていた「ちょっとしたテクニック」だったのに、お客様が喜んでくださっている様子を見ているうちに、自分も嬉しくなってきたのです。

相手にとって嬉しいことは、自分にとっても嬉しい。

やがて、それは仕事に限ったことではなく、どんな人との関わりでも同じだと思うようになりました。

ひとつの変化が連鎖して、大きな変化になってきたのでしょう。

たとえば、**私はホテルに泊まると、必ず洗面台を自分の使ったタオルできれいに拭いてから帰ります。**

蛇口の周りって、たぶんいちばん拭きにくい場所ですよね。そこがきれいになっていれば、その部屋に掃除に来た人がちょっと温かい気持ちになるかもしれない。

ただ、そんな理由で拭いているのです。

もちろん仕事でも何でもないですし、掃除係の人と面識があるわけでもありません。

「相手の気持ち」を考えて、ただそうしているだけです。

洗面台をタオルで拭くようになった最初のきっかけは、ゴルフ場のトイレでした。

何年か前にマナーが厳しくて有名なゴルフ場のトイレで、手を洗って自分の手を拭いた後、さっと洗面台を拭いている方を見かけたのです。

見ていると必ずみんなやっていきます。後の人が気持ち良く使えるようにという、ちょっとした気配りです。

実はゴルフ場の格は、トイレの洗面台を見ればわかるとも言われているそうです。

洗面台を拭くことをそこで学んだ私は、ホテルに泊まっても、チェックアウトの時にはさっと拭くことが習慣になっていきました。

ゴルフ場のように次に誰かがその洗面台を使うわけではありませんが、大事なことはその行為自体ではありませんから、それでも良いのです。

これも、私の中に訪れた変化のひとつだと思います。

だから、メールをくださった方々にも聞いているのです。

「あなたの中に変化はあらわれましたか?」と。

最初は真似でも構いません。

問題はその先。

小手先の気配りで終わるのではなく、自分の心の中に変化が訪れることが大切なのです。

5 人の見ていないところで良いことをする

「気配りができるようになるには、何よりも普段の心掛け」

なんて偉そうに言っている私ですが、妻や子どもに読まれたら大笑いされるかもしれません。あるいは、あきれられてしまうか……。

というのも、恥ずかしながら、私は家ではほとんど何もやらない人間だからです。

休日はいつもソファに寝転がってゴロゴロ。

脱いだ部屋着のスウェットは、ぐしゃぐしゃのままリビングに置きっ放し。

スーツをハンガーにかけて自分で仕舞うようになったのも、本当につい最近のこと。

「もっと家でも気を配ってほしい！」

おそらく妻や子どもには、そんなふうに思われているでしょう。

ただ、だからといって「仕事だけのため」に、普段から気を配ることを意識しているのかというと、そうではありません。

私が尊敬しているプルデンシャル生命の日本における創業者、坂口陽史《きよふみ》氏が生前に言っていたこんな言葉があります。

「きょう一日、私はひとつだけ良いことをします。人に見られたら、それはカウントしません」

この言葉が私はとても好きです。

「人の見ていないところで、何かひとつでも良いことをしましょう。そういう普段の行いが、人間性を高めることに繋がるのです」

おそらくそんな意味だと思うのですが、私はそれと同じような感覚で「神様が見ている」という意識が昔からあります。

別に特定の宗教を信仰しているわけではありませんし、誰かから教わった記憶もないのですが、いつの頃からか、そういう意識で行動するようになりました。

人に見られていない時に何をするのか。

そこに本当の人間性があらわれるような気がするのです（私は聖人君子ではないので、まだまだその通りに行動できずに、反省も多いのが正直なところですが……）。

ホテルの洗面台をきれいにしてから帰るのも、そういう思いがあるからかもしれません。別に洗面台を拭かなくても、誰ひとり困る人なんていません。

掃除をする人に感謝されるわけでも、その人に営業するわけでもありません。

「でも、きれいにしてから帰ったほうがいいでしょう？」

と聞かれたら、みなさんならどう答えますか？

「たしかにそうだよね」

と答えるのではないでしょうか。

別の例にたとえてみましょう。

自分がトイレットペーパーを使って紙がなくなった時、なくなった時点で、次の人が困ることは誰にでもわかるわけです。

それでも、補充する人と補充しないでそのまま出ていってしまう人がいますよね。

でも、補充したからといって、次の人に感謝されるわけではありません。

会社や家ならともかく、公衆トイレだったら、次に使う人は間違いなく赤の他人です。

補充しなくても、誰にも文句は言われません。

「でも、補充したほうが良いでしょう？」

と聞かれたら、みなさん、

「たしかにそうだよね」

と答えるのではないでしょうか。

今挙げたような例は、取るに足らない、本当に小さなことです。

けれども、誰もが「きょう一日、なにかひとつだけ良いこと」をするようになったら、とても住みやすい、良い世の中になるのではないでしょうか？

一人ひとりの行動は小さなことでしかありませんが、その小さな一人ひとりの行動の集合で世の中がつくられていることも事実だと思うのです。

「だったら、家でもやったほうがいいんじゃない？」

と言われたら、返す言葉もないのですが……。

私は、そもそもあまり気配りのできるタイプではなく、営業という仕事を通じて、身の周りの人々を敬ったり、「ありがとうございます」と自然にお礼を言えるような人間に変わってきたのだと思います。

ですから「家だけは許してよ」と家族には甘えているのでしょう。

6

歓迎されない仕事だからこそ「気配り」が必要だった

本来はあまり気配りのできないタイプだった私が、いつから気配りというものを意識するようになったのかというと、今の会社に転職してからでした。

以前に勤めていたリクルートという会社は、誰もが知っている情報誌を何冊も発行していましたし、テレビCMもよくやっていました。

ひとつのブランドとして確立している有名な企業で、知名度も高かったので、当時の

私は会社に守られながら営業をしていたのだと思います。

自分が勤めていた頃はわからなかったのですが、生命保険の営業に転職してから、大企業のありがたみが身にしみてわかりました。

というのも、第1章に書いたように、生命保険の営業というのは、基本的にはほとんどの人から歓迎されることのない仕事だったからです。

さらに当時のプルデンシャル生命は、誰も知らない会社でした。100人に聞いても、おそらくひとりかふたりくらい知っていればいいほうだったでしょう。

嫌われがちな業界で、しかもほぼ無名の会社。

営業に行っても、マイナスの印象からスタートするのが基本です。

そのマイナスの印象をなんとか減らして、少しでもプラスの印象に近づけていくにはどうしたらいいのか？

私が勝負できるものは「自分」しかありませんでした。

自分自身を磨くしか方法がなかったのです。

少しでもお客様に好感を抱いてもらえるように努力するしかなかったのです。

だから、私には「気配り」をすることが必要でした。

とにかくがむしゃらに仕事に励んで、転職して4年後には営業職の最高峰であるエグゼクティブ・ライフプランナーに昇格。営業成績も全国2000人の営業マン・ウーマンのトップになりました。

その5年後くらいでしょうか、出版社の方から「川田さんの行動や考えを、もっと広く世の中に伝えてみませんか？」とお声をかけていただきました。

本が出版されてからは、講演や企業の勉強会の依頼が増えて、日本全国のみならず、海外でも自分の思っていることをお話しさせていただいたりしています。

そんなある時、日本有数の証券会社から依頼があって、プライベートバンカーの人たち向けの勉強会にお招きいただきました。

その時に私はびっくりしたのです。

大変失礼な言い方なのですが、パッと見た瞬間にこんなふうに思ったのです。

「えっ、これが○○証券の人たち……？」

それが正直な思いでした。

学歴にしても何にしても超一流のエリートの人たちですから、私はパリッとした、かっこいいイメージを抱いていたのですが、あまりそういう印象は受けなかったのです。

「第一印象というのは、意外とアテにならないのかな？」

とも思ったのですが、勉強会が終わっても、その印象は変わりませんでした。

後日、勉強会に出席されていた方から一通のメールが届きました。

「川田さんが僕たちに感じたことを正直に教えてください」

メールにそう書かれていたので、私は自分が感じたことを思いきって正直に伝えることにしました。

「組織力で勝負ができるから、個人を磨くことが疎かになっていると思います」

なにしろ、頭の良さも感性も日本のトップクラスの人たちです。

なのに、社会人になって、組織力だけで仕事ができてしまうことで、その感性が鈍っているんじゃないか？

自分を磨いてこなかったので、錆びてしまっているんじゃないか？

本当はこういうトップエリートの人たちが、自身自身の感性を磨いて勝負ができるようにならないと、日本を引っ張っていってもらえないと思う。

そんな内容を正直に書いて返信したのですが、

「やっぱりそうでしたか。たしかに僕たちは自分自身を磨くことが疎かになっています。川田さんの話を聞いて、川田さんは本当に個人で勝負をしているということが、よく伝わってきました」

というお返事をいただきました。

率直に言いすぎてしまったかもしれませんが、もしこのことがきっかけで、その人たちの意識に変化があったなら、私としても嬉しい限りです。

組織に守られて、自分を磨くことが疎かになっているというのは、この証券会社の人たちに限らないと思います。私自身がやっぱりそうでした。

でも、幸いにも私には転機が訪れました。

生命保険業界（しかも、当時はまだほとんど知られていないプルデンシャル生命）。

周りからすれば、マイナスにしか見えない転職だったかもしれません。

けれども、だからこそ必死に工夫をしたり、感性を磨いたりすることができて、私にとってはものすごくプラスなものとなりました。

今にしてみれば、すべてが良かったと思えます。

たとえ今は組織に守られていても、それがずっと続くとは限りません。

もしもそうなったら、**最後に頼れるのは「自分」だけです。**

その時に必要なものは何か？　はたして自分はそれを持っているのか？

みなさんも一度考えてみてください。

第3章

成功している人は、みんな「気配りの達人」

1

「うちで働け。絶対に幸せにするから」

仕事は99%気配り——。私がそう考えるようになった最大の根拠は、これまでに出会った成功している経営者の方の多くが「気配りの達人」だったからです。

「会社も伸びているし、魅力的な人だなぁ」

そう思った方々は、みなさんそれぞれの「ちょっとした気配り」を実践されています。

そういう人たちだからこそ、事業も成功しているのでしょう。

この章では、私が出会ったそんな魅力的な経営者の方や、活躍されているビジネスパーソンの方々のエピソードをご紹介していこうと思います。

まずはある地方の街で雑穀《ざっこく》関係の会社を営んでいる社長さんのお話です。

社員50人くらいの会社なのですが、確実に業績を伸ばしています。それだけではなく、その社長さんは地域の活性化や従業員の幸せを真剣に考えている人なんですね。

私が企業保険の商談で3回目くらいにお伺いした時でしょうか。社長さんと話をしていると、妙にソワソワされているんです。

「もしかして、あまりお時間なかったりしますか?」

と尋ねると、社長さんはニコッと嬉しそうな笑みを浮かべました。

「お昼にちょっと変わったお店に社員を連れていってあげる約束をしてるんですよ」

「変わったお店って、どんなお店なんですか?」

「冷やしカレーっていう変わったメニューがあるお店があってね、なかなかおいしいから、みんな連れていってあげたくってさぁ」

この社長さんは、本当に従業員みんなのことを考えている方で、会社全体が非常にアットホームで良い雰囲気なんです。

私が最初にそれを強く感じたのは、初めてこの会社に訪れた時でした。

社屋に入ると、通路の壁一面に従業員の人たちの顔写真と、それぞれのモットーみたいな言葉がバーッと一緒に貼り出されているんです。

ただ、**社長さんの写真が見当たらないんですね。**

社員の顔写真を貼り出している会社では、ほとんどの場合、社長の写真はいちばん左上かド真ん中、あるいはちょっと大きめに扱われているものです。

「あれ、どこだろう。ないのかな?」

そう思って、壁の写真をよくよく見てみると、ありました。

なんと、**ほかの従業員の方々と一緒に、右側の下から二番目くらいの全然目立たない場所に。**

しかも、ほかの写真と完全に混ざっていて、50人の従業員と平等の扱いです。

「この中でどの人が社長でしょう?」

と聞かれたら、顔を知らない人は絶対にわからないと思います。

「ああ、この人は従業員のことをすごく考えている社長さんなんだなぁ」

これを見た瞬間にそう思ったのですが、実際に話をしてみると、まさしくその通りの人でした。

それほど大きな規模の会社ではないのに、社員の持ち株会をつくったり、福利厚生ひとつ取っても、社員が本当に喜ぶようなものを常に考えているのです。

社長さんが従業員の方たちと冷やしカレーを食べに出かけた後、私は別の従業員の方に工場に連れていってもらいました。その時に聞いてみたんです。

「社長ってどんな人ですか？」

「どうでしょうね。でも、少なくとも僕は好きなんですよ」

話を聞いてみると、その従業員の人はもともと別の業界にいたのですが、事情があって奥さんの実家のあるこの街に引っ越してきたのだそうです。

この街でも以前と同じ業界の仕事をしようと思っていたところ、今の社長さんと知り合って声をかけられたそうですが、その言葉がすごいんです。

「うちで働け。絶対に幸せにするから」

社長さんは自宅にもやってきて、そう繰り返したそうです。その人が本当に必要な人材だと思ったから、それほど熱心に誘ったのでしょう。

でも、それにしても、

「絶対に幸せにするから、うちの会社で働け」

なんてセリフを言えるのはすごいと思って、私は目がウルッときてしまいました。

こんなふうに口説かれたら、誰でも感激しますよね。

顔写真のこともそうですし、こういう気配りのできる社長の下で働けたら、社員のやる気も絶対に違ってくると思います。

冷やしカレーの一件にしても、社員とコミュニケーションを深めて生産性を高めようとか、そういう計算から生まれた発想ではなく、**もっと単純に、「従業員たちが好き」「みんなに喜んでもらいたい」そういう発想から始まっているると思うのです。**

仕事が終わると、私もさっそく冷やしカレーを食べに行ってみました。私はお客様にお店などを勧められると、できるだけ食べに行ってみるようにしています。

私自身もそうですが、やっぱりそうしたほうが勧めた人も嬉しいじゃないですか。

「冷やしカレーって、いったいどんなものなんだろう?」

期待半分、不安半分でそのお店に行ってみました。

結果は、これがイマイチだったんですね（笑）。

後日、そのことを正直に報告したら、朗《ほが》らかに笑っていました。そういう話も喜んで聞いてくれるような社長さんなのです。

こういう会社なら、本当に幸せになれそうですよね。

社員全員に気配りができる、それも自然にできる経営者というのは、本当に素晴らしいと思います。

2 ヒマそうな社長が、お昼休みには会社に戻らない理由

「川田さんはいつも忙しそうでいいね。俺なんて、何もやることないから」

お会いするたびに、口癖のようにそう言っている経営者の方がいます。

100人くらいの会社の社長さんで、本人はべらんめえ口調のざっくばらんな雰囲気

の方なのですが、オフィスはものすごくキレイで、雰囲気の良い会社です。

社員の方たちはいつも忙しそうに働いていて、業績も順調に伸ばしています。でも、その社長さんだけは、いつも本当にヒマそうなのです。

いつ携帯に電話しても必ず出ますし、アポイントを取る時も、

「来週だったら、いつがよろしいですか？」

「全部いいよ」

みたいな感じなんですね。

ある時、珍しく携帯に出ない時があったので、私は思わずこんな留守電メッセージを残してしまいました。

「プルデンシャル生命の川田です。○○さんの携帯の留守番電話にメッセージを残せるという光栄な状況にありまして、せっかくですのでメッセージを残させていただきます。○○さんもこんなことあるんですね」

留守番電話にメッセージを残せるだけでネタになってしまうくらい、本当にいつも何もしていない感じの方なんです。

従業員の面接も自分でしていませんし、100人くらいの全社員のことをよく覚えていないという、かなり変わった社長さんなのですが（本当かどうかは今も私は疑問に思っています）、「こういう人こそ、実は究極の経営者なんじゃないか?」と、私は考えています。

これは私の持論なのですが、最高に優秀な経営者というのは、自分がいなくても会社がまわる状態を作れる人だと思うのです。

「俺なんていなくてもいいんだよね」

この社長さんはいつもそう言っていますが、実際にはその人がいるからこそ、会社の経営が成り立っていて、業績を伸ばしているはずです。

私がそう考えるようになったのは、知り合って間もない頃に一緒にランチを食べに行った時のことでした。

食事が終わって、そろそろお昼休みが終わる午後1時になろうとしているのに、社長さんは会社に戻ろうとしません。

「川田さん、お茶でもしていこうよ。まだ帰るのはまずいから」

そんなことまで言いだすんですね。

「本当にこの人、何もやることないのかな？」

と、私は少々失礼なことを思いながらも、「まだ帰るのはまずいから」という言葉がちょっと気になりました。

「社長、まだ帰るのがまずいって、どういうことなんですか？」

喫茶店でお茶を飲みながら、そのことを聞いてみました。すると、思いもかけない答えが返ってきたのです。

「だってさ、1時前に俺がお客さんを連れて会社に帰っちゃうと、まだ昼休みの時間なのに、女子社員がお茶を入れたりしなきゃいけなくなるじゃない？ せっかくの休憩時間にそんな気を遣わせるのは、彼女たちに申し訳ないからさ」

ああ、そんな理由があったんだ……。

なんだ！ なんだ！ そこまで社員に気を配っているなんて、すてきだなぁ。私は心の中で叫んでいました。

たぶん、社長が昼休み中には会社に戻らない理由を社員の方たちは知らないと思います。でも、だからこそ、すてきなんです。

こういうことが、理想的な「ちょっとした気配り」なのだと思います。

この会社に電話をかけると絶対にワンコールで従業員の方が出ます。そういうところにも社長のこだわりや存在を感じることができます。一見すると何もしていないように見える経営者ですが、実はそうではなかったのです。

経営者のさりげない気配りが会社全体に浸透しているから、会社の雰囲気も良くなり、仕事もうまくいっているのでしょう。

「こういう人が、実は究極の経営者なんだ……！」

この社長さんと出会って、私は改めてそんな思いを強くしたのでした。

3

社員の子ども用の口座に、毎月お金を振り込んでいる女性社長

1年ほど前にお会いした女性の経営者の方がいらっしゃいます。家庭向けの清掃サービスを営んでいる会社で、60人くらいの社員のほとんどが女性です。

この会社では、社員やその家族に赤ちゃんが生まれると、子どもの名義で新しい預金通帳を作ることになっているそうです。

「お子さんは何グラム？」

社員の女性が子どもを産むたびに、この方は必ずそう尋ねるそうなのですが、みなさんはなんでだと思いますか？

もちろん、ただの世間話ではありません。

私も聞いて驚いたのですが、**赤ちゃんが生まれると、その子ども用の口座に、生まれ**

た時のグラム数と同じ金額を毎月振り込んでくれるそうです。たとえば、３２１５グラムで生まれたとしたら、３２１５円。

毎月その金額を、その社員が会社にいる限り、ずっと振り込み続けるというのです。生まれたグラム数と同じ金額を毎月振り込むなんて、女性の経営者ならではの発想ですよね。

ちょっと下世話《げせわ》かもしれませんが、計算してみましょう。60人の社員全員が３０００グラムの赤ちゃんを産んだとします。

毎月18万円です。みんな子どもがふたりできたとしたら、毎月36万円。

年間で２００万から４００万ぐらいが必要になります。

これは結構な額ですよね。

でも、重要なのは金額ではなく、社長の従業員を思う気持ちの部分です。

私もふたりの子どもがいるので、よくわかります。

自分の子どもに対して、それほどまでに気を配ってくれる人が社長だったら、社員は絶対に嬉しいはずです。

ましてや、女性ばかりの会社だったら、なおさらでしょう。

「この社長のために、会社のために、私も頑張ろう！」

きっと誰もがそんな気持ちで仕事をするのではないでしょうか。働きがいがある会社で仕事をしていると、人はより大きな力を発揮するものです。

この会社を訪れると、女性従業員のみなさんが実際にイキイキと表情を輝かせて働いています。だから、この会社は業績を伸ばしているのでしょう。

子どもを産んだ社員が退職する時には、女性社長はこう言うそうです。

「ここからはあなたが続けなさい」

そして、その後は、辞めた社員の方が自分で子どもの口座に貯金を続けていくそうです。

なんか、温かいですよね。

一つひとつの金額は決して大きなものではないかもしれませんが、そんなことを思いついて実行する社長の存在感はとてつもなく大きなものでしょう。

そこまで社員を大事にして気配りをしていることも素晴らしいと思いますが、それだ

けではなく、「社会を大事にしている会社」だと私は思います。

こういう会社がもっともっと増えたら、今より女性がイキイキと働ける世の中になると思いませんか？

4 ピン札の3000円と牛肉のプレゼント

私のお客様で畜産業の方がいらっしゃいます。飼育している牛の数は、なんと約8500頭。実際に見に行ってみると、広大な土地に数えきれないほどの牛舎が並んでいて、そのスケールの大きさは、まさに壮観の一言でした。

たった1頭の牛からこの仕事を始めたそうですが、何十年もかけて牛の数を増やして、現在は大成功を収められています。

この牛舎の社長さんも、やっぱり「気配りの達人」なんですね。

牛というのは、子牛が生まれると、約30カ月くらいかけて大事に育てられて、日本各地に食肉として出荷されていくそうです。

その時に、牛をトラックに乗せて出荷先まで運ぶドライバーさんたちがいますよね。

この牛舎の社長さんは、出荷する時には必ず、

「これ取っといてくれ」

と言って、ピン札の3000円を封筒に入れて、ドライバーさんに手渡すそうです。

「えっ、なんですか？」

初めて来たドライバーさんはみんなビックリするといいます。そんなことをしている社長はほかにはいないので、何のお金なのかわからないんですね。

「牛たちを運ぶ途中で食事でもしてくれ」

社長さんはそう言って、封筒を手渡すのだそうです。

長距離ドライバーの仕事はただでさえ大変だといいますから、生き物を運搬する時には普段以上の神経を使うことになるでしょう。

そんなデリケートな仕事を請け負ってくれるドライバーさんへのねぎらいの気持ちと、

「自分が愛情を込めて育てた牛を大切に扱ってほしい」

そんな思いが込められたお金なんですね。

どうして3000円なのかというと、この牛舎のある地方の街から東京などの出荷先まで移動する時に使う食事代が、ちょうど3000円ぐらいなのだそうです。

わざわざ真新しいピン札を用意するのは、自分が育てた牛を運んでくれるドライバーさんへの感謝の気持ちの表れなのでしょう。

社長のそんな思いは、ドライバーさんにも必ず伝わります。

取引先の社長にそこまで気を配ってもらったら、ドライバーさんたちも絶対に牛を丁寧に扱ってくれるはずです。

この社長さんは、牛がまだほんの数頭しかいなかった小さな牛舎をはじめた頃から、39年もずっと、それを続けているそうです。

ずっと働きづめで、ほとんど休みもとらずに畜産の仕事一筋に励んできた方で、奥様と3人でお話しした時には、こんなことをおっしゃっていました。

「お父ちゃんは、仕事が趣味だもんね」

「いや、趣味とか楽しいってことじゃなくて、俺には自分が日本の食を支えてるって自負がある。だから休めないんだ」

重い言葉ですよね。

「自分の仕事に、そこまで責任を感じられるなんてすごい……」

話をしているだけで、身が引き締まるような思いがします。

仕事や飼育している牛、そして社外の人もそこまで大事にしている方なので、当然、自分の会社の社員たちをものすごく大切にしています。

月に一度は、一生懸命働いてくれることへの感謝の気持ちを込めて、社員の家族に自分の牛舎で育てた牛の肉をプレゼントされているそうです。

しかも、**焼き肉、すき焼きなど、各自に希望を取って、社長自ら肉を選んで、社員に手渡してあげる**というんですね。

「社長、どうしてご自分でそこまでされるんですか？」

この話を初めて聞いた時、私はそんな質問をしました。すると、社長さんはこう言ったのです。

「いや、これが俺のいちばん大事な仕事なんだ」

社員に自ら手渡しでプレゼントしていることもすてきですが、こんなふうに言えることが何よりもすてきだと思いませんか？

８５００頭もの牛を扱えるほど大きな牛舎へと成長してきたのは、こういった「ちょっとした気配り」を積み重ねてきた結果なのだと思います。

5 社員の家族に毎月手紙を書く社長

社員の家族を大切にしている社長といえば、こんな方もいらっしゃいます。

事務機器を扱っている60人くらいの会社の経営者の方なのですが、私が驚いたのは、その**給与明細の袋の中に〝社員の家族宛て〟の手紙を入れている**というのです。

「会社は今、このような状況です」

「今期はなかなか苦しいですが、みんな頑張ってくれています」

「みなさんのおかげで、今年もボーナスが出せそうです」

といったように、会社や社員の近況を記した手紙を、社長が自分で書いて給料袋に一緒に入れているそうなんですね。

それを毎月、しかも20年ぐらいの間、一度も休まずに続けていると。

すごくないですか？　手書きですよ。

社員の家族にそこまで気を配っている会社なら、家族も安心して本人を見守ることができると思います。

また、社員の家族宛ての手紙と同じように、この方が20年ぐらい続けていることがもうひとつあります。

メインバンクの銀行に、月々の試算表や売上表の報告に行っているそうなんですが、不思議なことに、借り入れがなくても、必ず毎月行っているというのです。

「銀行との信頼関係を築くためですか？」

ある時、私が尋ねると、社長さんはこう言っていました。

「それも大きなことだし、結果としてはそうかもしれないんだけど、いちばんの目的は違うんだよね。実は、自分にプレッシャーを与えるためなんだ」

たとえ単月であっても、マイナスの決算を銀行に報告するのは、経営者としてはものすごくつらいこと。

「だから、赤字決算にならないように、絶対に頑張ろうって気持ちになるんだよね。そのために毎月、銀行に報告に行ってるんだ」

自分を追い込むようなことを20年も続けている――。

経営者がそこまで自分にプレッシャーをかけて会社を守ろうとして頑張っていたら、社員の人たちも「俺たちも頑張ろう！」って気持ちになるでしょう。

この社長さんは、社員の配偶者と子どもの誕生日にはケーキを贈っているそうです。

社員が60名いるとして、全員に配偶者と子どもがひとりいると仮定すると、三日に一度はケーキを贈っている計算になります。

社員やその家族、取引先など、仕事に関わるすべての人たちから、本当の意味で信用を得るためには、これぐらいの気配りが必要なのかもしれません。

といっても、ここまでやれる人は滅多にいないと思いますが、

「世の中にはそういう人もいるんだ」

と覚えておくだけでも、なんだか自分も元気づけられます。

6 新人の実家すべてに、あいさつに行く若い支店長

私の中学の同級生で、日本有数の証券会社に勤めている男がいます。

彼はもう支店長になっているのですが、40代前半で支店長になるのはずいぶん早いらしいんですね。

とはいっても、彼はいわゆる超一流大学を出ているわけではありません。

「なんでそんなに早く出世できたんだろう?」

不思議に思っていたのですが、彼の話を聞いて「なるほど!」と思ったことがあるの

で、ご紹介させていただきます。

彼は支店に新入社員が配属されてくると、その両親がいる実家まであいさつに行くそうです。

都内に実家がある新人だけではありません。

岐阜でも、仙台でも、鹿児島でも、日本全国どこにでも行くというのです。

飛行機や新幹線に乗って、わざわざ実家まで訪れて、いったい何をするのかというと、たとえばこんな話をするそうです。

「○○君は夏休みには帰ってくると思いますが、きっと瘦せて、真っ黒になって帰ってきます。それはなんでかというと、仕事が大変だからです。

私たちの会社では、夏の暑い時季でも飛び込みの営業をさせますし、一日中、外を歩かせることもします。でも、それを乗り越えて、一人前になっていくんです。

だから、瘦せて真っ黒になって帰ってきても、ビックリしないでください」

これもなかなかできることじゃないですよね。

新入社員の家庭訪問をする会社はほかにもあるようですが、**彼の場合は、新人の「両**

親」にあいさつに行くことを、個人的に自分に課しているそうなんです。

「でもさ、そんなことをしたら、お前の責任も重くなるだろ?」

私がそう聞くと、彼は言いました。

「だから行くんだよ。**親に会うと『絶対にこの新人を一人前にしなきゃいけない!』って気持ちになるだろ? そういう自分の責任の重さを強く感じるために行くんだよ**」

すごいと思いません?

そこまで自分の責任を強く全うしようとしているから、彼は普通よりも早く支店長になったのでしょう。

組織の長が新人の家まで行って、両親がどんな人なのか、どんな家で育ったのかを知れば、その新人に対して、より深い愛情を持つようになるはずです。

その組織にいる人たちも、みんな愛情を持って新人に接するようになるでしょう。

誰かが自分のことをしっかり見てくれている。

人はそう思えるだけでも、ずいぶん救われるものです。

新人の実家にあいさつに行く。

言葉にすれば、たったそれだけのことですが、彼がやっている「ちょっとした気配り」、いや「思い切った気配り」は、決して小さなことではないと思います。

こういう行動をする人がもっともっと増えたら、心の病にかかってしまう人や、仕事を辞めて途方にくれてしまう人たちも減っていくのではないでしょうか？

7

きょう一日、あなたは誰と何回「あいさつ」しましたか？

「無理せず
急がず
はみ出さず
力まず
ひがまず

威張らない」

比叡山千日回峰行《ひえいざんせんにちかいほうぎょう》を二度、満行《まんぎょう》した行者《ぎょうじゃ》として知られている、天台宗の大阿闍梨《だいあじゃり》・酒井雄哉《ゆうさい》さんの言葉だそうです。そんな言葉を信条にしている建設業の経営者の方がいらっしゃいます。

社長室に通されると大きな犬がいて、その犬が私のにおいを嗅《か》ぎに来ます。何度かお邪魔させていただいているうちに「ああ、この人ね。いらっしゃい」と言っているかのような犬のチェックを受けてソファに座ります。

社長の奥様が経理全般を見ていて、お会いする時には社長と奥様のふたりでお話を聞いていただきます。よくアイスブレイクといって、はじめに仕事以外の話をしたりするのですが、私も犬が大好きなので犬の話をしていると簡単に1時間くらいが過ぎてしまって、「今度は仕事の話をしますね」と言って帰るような感じになってしまいます。

お互いに犬をなくしたことがあり、その犬の話をしていると奥様が泣き出して、私ももらい泣きをして、またまた仕事の話ができないまま帰ってしまったりします。偶然、社長も奥様も私も、なくした犬の骨をキーホルダーにしてストラップにしたり、鍵につけたりしているのも、犬が好きな人にしかわからない不思議な光景です。

社員100人くらいのかなり業績のいい会社なのですが、そんなおふたりと話をしているとそれだけでも温かい気持ちになります。

同業の周りの企業と比べても、なぜか業績がいいのです。

「何が要因なのだろう」と当然不思議に思いましたが何度かお邪魔してお話をしているとその理由が感じ取れてきます。大きな要因のひとつは、「従業員の意識改革」にありました。

具体的な施策はここでは触れませんが、従業員一人ひとりに目標売上や目標利益を意識させるだけでなく、仕事の無駄を徹底的に省き、効率のよい仕事を意識するように意識改革をしていくのです。

そんな話をしている時に私がいちばん興味を持ったのが、月次決算表のファイルのいちばん初めにエクセルで管理されている**「あいさつ実績表」**というものでした。

どんなものかというと、左に従業員の方々の名前が書いてあって、横に日付が書いてあり、一日ずつ誰が何回あいさつをしたか回数が書いてある、ただそれだけのものです。

データの元は、毎日従業員が書いて出している日報で、あいさつの相手は社内も社外も関係なくて自己申告。それによって表彰されるわけでもなく、罰があるわけでもないのですが、あいさつの回数が少ないと、社長自らその従業員の方に声をかけて、

「どうした？　このところ、あいさつが少ないじゃないか？」

「山の現場にこもる仕事が続いていたので、あんまり人に会わなかったんです」

といったやりとりをするだけみたいなんですね。

それだけといえばそれだけなのですが、これこそが大切なことなのだと私は思いました。社長の隣に座っている奥様も、

「みんな、自分を気にかけてくれていると思うだけで安心するものですよ。その基本があいさつだと思うんですよ」

と言います。

「でもそういうのって初めはどうやって意識改革をしていくんですか？」

と尋ねると、

「とにかくミーティングのたびに考え方を伝えていくのさぁ。できないなら強制的にで

もさせるの。人間として大事なことだから。それと何よりも自分が率先してあいさつすることだよな」

社長が従業員に活気のある声であいさつしている姿が目に浮かびます。

「ありがとうって言うのがいちばん大事だよな。漢字で書けば『有難う』、有るのが難しいことなんだからちゃんと気持ちを表現しなきゃだめだと思うんだよ。言葉はタダだからどんどん使ったほうがいいんだよ。ハハハ」

従業員を家族のように思う社長の気持ちが伝わってきます。

「あいさつが大切」なんて言うのは会社でも本の中でもよく耳にする話ですが、どれだけの人が実践できているのでしょう。恥ずかしながら私はできていません。自分の子どもたちが小さい頃は同じようなことを言っていたのに、いつの間にかおざなりになっている部分もあるように思います。

人は自分の存在意義を感じられなくなったら、どんな人でも生きていけなくなると思いますが、その始まりがあいさつなのかもしれません。

私のカバンにいたずらをしようとしている犬に向かって、「こらっ！　やめなさい」と叱りながら社長が言った言葉が印象的でした。

「どんなに会社が大きくなっても仕事をしているのは一人ひとりだから」

社長の会社経営の理念を感じます。

8 家族に感謝する表彰式とランドセル贈呈式

「川田さん、来年、うちの会社は創業60周年の記念式典をやるんだけど、社員の家族がみんな来てくれるような、何か良いアイディアないかな？」

ある会社の社長さんからこんな相談を受けたことがあります。

その会社では社内行事を行っても、社員の家族が参加することがどんどん減ってきているというのが、社長さんが抱えている悩みでした。

「たとえばなんですけど、表彰の時に、社員だけじゃなくて社員の奥さんや家族にも壇上に上がってもらって、表彰状を渡すっていうのはどうですか？」

私はこんな提案をしました。実はこれは実際にほかの会社で行っていることでした。

その会社のことを書きたいと思います。

その会社では、年に１回営業社員に対しての表彰式を行っています。

表彰される社員は３００名を超え、その家族も含めると、ホテルのいちばん大きいホールを借りきる大規模な会になるのですが、司会から照明まで、裏方はほとんど本社の社員で行っています。

そんな会で表彰されることを目指して営業の人たちは１年間頑張っていきます。

表彰式のはじめには、その会のホストである社長からあいさつがあります。

「この表彰式の目的は大きくふたつあります。

ひとつは目標を達成し、ここにくることができたみなさんがお互いに賞賛しあうことです。そして忘れてはいけないのは、みなさんが集中して仕事をすることができたのは、家族の支えがあったからこそです。奥様、お子さん、お父様、お母様の支えがあったからこそのことです。

ですから、もうひとつの目的はご家族に感謝することです」

音楽が流れ表彰が始まると壇上に上がっていくのですが、**その時は家族で登壇していきます。そして社長から表彰の楯《たて》を受け取るのですが、社長はそれを社員にではなく奥様に渡すのです。**

「1年間ご主人を支えてくださってありがとうございました」

そんな言葉をかけながらひと家族ずつ表彰していくのです。

奥様の中にはこんなことを言う人がいるそうです。

「こういうふうに表彰してもらえると、奥さんたちはみんなすごく嬉しいと思う。主婦って仕事に区切りもないし、誰かに表彰されることなんてないから。

こういうことをしてもらうと、また1年頑張ろうって気持ちになれると思う」

中には泣き出す奥様もいるそうです。そんな姿を見たら社員も自分が表彰を受けるよりもずっと嬉しいはずです。

営業の仕事でお客様に手土産を持っていく時に、その会社の社員の方々のおやつ代わりにちょっとしたものを買っていったり、お客様とゴルフに行ったりして手土産を用意する時には、ご家族が喜ぶようなものを用意することがよくありますが、それと一緒かもしれません。

この会社にはほかにも家族に焦点を合わせたイベントがあります。**「ランドセル贈呈式」といって、小学校に入学する社員の子どもにランドセルをプレゼントする行事**です。家族で参加する行事ですが、こちらはホテルではなく、会社の会議室で行います。

会場の真ん中に会議用のテーブルを並べて、ものすごい量の駄菓子で埋め尽くします。お菓子を好きなだけ食べていいので、子どもたちは会場に入った瞬間からもう大喜びです。

その周りには、ヨーヨー釣りや輪投げなどができる、お祭りの出店のようなコーナーも用意して、すべて社員たちが手作りで行うイベントなんですね。

お菓子を食べたり、ゲームをして遊んだ後、社長が壇上に立って贈呈式が始まるのですが、司会者が一人ひとり名前を呼んで、子どもが「ひとりで」壇上に上がるんです。

想像してみてください。まだ6歳の子どもが60歳をすぎた会社の社長と壇上でふたりで向かい合って、声をかけられながらランドセルを受け取って、背負わせてもらうんです。子どもにとってはなかなか経験できない緊張の時間です。

その時の緊張した表情と、壇上から降りてくる時の何ともいえない照れくさそうで、それでいて何かをやり遂げたことを思わせる堂々とした娘と息子の笑顔を、私は何年たっても忘れることができません。

そうなんです。宣伝のようで書くことを迷いましたが、実はこれ、私が所属しているプルデンシャル生命の行事なんです。

日本にプルデンシャル生命という会社ができたのは25年前。当時の社員数は15人だったそうですが、現在は約４５００人もの社員をかかえる企業に成長しました。

わずか25年でここまで成長してきたのは、営業の力だけではなく、社員の家族を大切にするという会社の文化が、大きな理由のひとつだと、実際に働いている私は思っています。

家族で壇上に上がる表彰式も、ランドセル贈呈式も、社員の家族に対する「ちょっとした気配り」なのかもしれません。

でも、その気配りが与える影響は決して小さくないと思っています。

仕事というものは、会社の考え方や、経営者の思いや理念に共鳴した時に、100%の力を発揮できるものです。

私がこれまでに出会ってきた魅力的な経営者や、活躍されているビジネスパーソンの方々は、社員の家族や関係者も大切にしている人ばかりでした。

経営のプロでも何でもない私が言うのはおこがましいのですが、**社員の家族にも気を配れるというのは、これからの会社経営のヒントになるのではないでしょうか？**

第4章

あと少しの気配りがあれば……と思う残念な瞬間

1

あなたは「ちょっとした気配り」ができていますか？

「あなたは『ちょっとした気配り』ができていますか？」

もしも、こんな質問をされたら、みなさんはどう答えますか？

「私は会社や家族の誰よりも周囲に気を配っています！」

と、胸を張って断言できる人は、あまり多くはないかもしれませんが、

「自分は気配りが全然できていない」

と考えている人も、きっとあまり多くないのではないでしょうか。これはあくまでも
私の想像ですが、おそらく世の中の大半の人々が、

「自分はかなり気を配っている」

と考えていて、実際に自分なりに周囲に気を配っている人も多いと思います。

しかし、普通に生活をしていると、日常のいろいろな場面で、

「なんで？　もうちょっと、こっちのことを考えてくれてもいいのに！」

と、相手に対して思うことって多くありませんか？

この章では、そんな「もうちょっと気を配ってくれたらいいのに……」と、日々の生活の中で感じる、ちょっと残念な例を紹介してみたいと思います。

「人の振り見てわが振り直せ」

という言葉がありますよね。私自身も含めて、ちょっと気配りの足りない残念な場面について考えることで、自分の仕事や生活に活かせる何かを発見できたらと思います。

最初に断っておきますが、かなり「細かいこと」ばかりです。

「そんなことまで気にしなくていいだろう」

そう思う人もいると思います。

しかし、「大きなことは、小さなことの集まり」。そう思って読んでください。

2

お釣りと領収書、なんで一緒に渡すの？

私は営業に行く時に、タクシーに乗ることが結構あります。

「景気はどうですか？」

なんて運転手さんに声をかけて話を聞くと、世の中の動きがよくわかりますし、知らない土地では、いろいろな情報を教えてもらえるので仕事に役立つことも多いです。

目的地までただ移動するのではなく、ちょっとした情報収集ができる有意義な時間を過ごせるので、私はタクシーに乗るのが好きなのですが、

「なんで？」

と、いつも感じてしまうのは、お会計の瞬間なんですね。

仕事で利用することが多いので、私はタクシーを降りる時には必ず領収書をお願いし

ます。すると、

「はい、○○円のお釣りです」

と言って、領収書とお釣りを手渡してもらうのですが、かなりの確率で、領収書の上にお釣りが乗っているのです。

「ああ、やっぱりこの人も同じだ……」

私が残念に思うのは、まさにこの瞬間です。

「いったい何が問題なの？」

みなさんの中には、そう思う人もいるかもしれませんね。

でも、ちょっと考えてみてください。**領収書の上にお釣りを乗せて、さっと一緒に手渡されると、正直、仕舞いにくくないですか？**

お釣りと領収書を一緒に手渡すのは「急いでいるお客様が素早く降りられるように」という、運転手さんなりの気配りなのかもしれませんが、私はいつも財布に入れる時に、もたついてしまいます。

たとえば、タクシーの料金が１２２０円。千円札がなくて、しょうがなく５千円札で支払いをしたとします。

お釣りは3780円。千円札が3枚と小銭が780円です。

こういう場合によくあるのが、千円札3枚の上に領収書、その上に小銭を乗せて一緒に手渡されるパターンです。

こちらは片手に財布を持っているので、もう片方の手で受け取るしかありません。

でも、3枚のお札と領収書、それに何枚もの小銭です。

同じ財布の中でも、領収書とお札と小銭は、それぞれ違うスペースに仕舞いますよね。

これを片手で仕舞うのは、かなり難しい作業です。

お札を滑り台のようにして、小銭を財布にサラサラッと流し込むのがいちばん楽な仕舞い方ですが（みなさんもやりますよね？）、小銭がバランスを失って、床にこぼれ落ちそうになることが結構あります。

そうやって、なんとか小銭を仕舞って、お札と領収書を差し入れて、やっと終了。ようやくタクシーを降りられるわけです。

こうして改めて文章に書き出してみても、ずいぶん手間のかかるややこしい作業です。

結局、タクシーを降りるのにも時間がかかっています。

「なんで別々に手渡してくれないんだろう。そのほうが楽なのに」

私はタクシーを降りる時に、いつもそう思います。

最初に、「はい、まずは細かい○○円」と小銭だけを手渡して、お客様が財布に仕舞うのを確認してから、お札と領収書を手渡す。

そうすれば、もたつくことはありませんし、結果的に早くタクシーを降りることができるはずです。

これはタクシーに限ったことではなく、コンビニや飲食店のお会計でも一緒です。

主婦の方は、スーパーなどで同じように感じる人もいるのではないでしょうか。

あれって何かのルールなのでしょうか？

もしかすると、お釣りと領収書を一緒に渡さないと、

「まだ小銭をもらってないよ」

とかクレームを言われたりする可能性があるので、マニュアルでそう決まっているのかもしれません。

しかし、もしそうでないとしたら、お釣りと領収書やレシートは別々に手渡してもらったほうが、お客様に喜ばれると思うのです。

これは少し「相手目線」になって想像力を働かせれば、すぐにでもできる「ちょっとした気配り」ではないでしょうか？

たしかに、本当に些細な、小さすぎることかもしれません。でも、そんな小さなことの積み重ねが、どんな仕事においても、とても大事なことだと思うのです。

3

「お水ください」とお願いしたのに……

あるお寿司屋さんにランチを食べに行った時のことです。

お客様と一緒だったので、2000円くらいの少し贅沢なお寿司の盛り合わせをいただきました。きれいなお店で、お寿司もおいしく、大変満足できるランチタイムを過ごすことができました。

食事が終わると、温かいお茶が出てきたのですが、私はのどが渇いていたので冷たいお水を飲みたくなり、

「すいません、お水もらえますか？」

と店員さんにお願いしました。

余談ですが、私は結構「お水派」で、お茶よりお水のほうが好きだったりします。特に最後はお水でさっぱりしたい。お寿司は醤油やわさびをつけて食べるので、のどが渇きますよね。

この日は特に、お水を飲みたくて仕方ありませんでした。店員さんに水を頼むと、

「おふたつ？」

と聞かれたので、お客様のぶんも含めて、

「はい、ふたつお願いします」

と答えました。

ところが、**その店員さんは、すぐにお水を持ってきてくれるわけではなく、いきなり**

私たちのテーブルの上の空いた食器を片づけ始めたのです。

「あれ、なんでそっちを優先するの……?」

私は残念だなぁと思いました。

雰囲気もすてきだし、お寿司もおいしいし、良いお店だと思っていたのに、もったいないなぁと。

私たちが食事をしていたのは、お店の奥まった場所にあるお座敷の席でした。

店員さんにしてみれば、下げた食器をお盆に乗せてから厨房に戻って、それからお水を持ってくれば一往復で済みます。

履物を脱いで上がる席でしたから、靴を脱いだり履いたりの手間を省くこともできます。たしかにそのほうが効率的でしょう。店員さんの気持ちもわかります。

でも、お水を飲みたいというのがお客様(この場合は私ですが)の欲求なのです。食事をするとお水を飲みたくなる人は、私以外にもきっと多いはずです。

食事や飲み物のメニューと違って、水は無料。お店側からすると、サービスしても特にメリットはありませんし、そんなに重要なことだとは考えていないのかもしれません。

でも、だからこそ逆に、私は大事なことだと思うのです。

こちらも無料の水を頼むのはどこか気が引けている部分があって、すぐに飲みたくても、強くは頼めません。

また、みなさんも経験があると思いますが、混んでいるお店でお水を頼んでも、忘れられてしまって、結局持ってきてもらえないことがありますよね。もう一度頼むのも気が引けます。

頼みにくいし、忘れられがちなもの。

無料のお水には、多くの人がそんなイメージを持っているので、逆に、さっと持ってきてくれさえすれば、ただそれだけで、

「サービスの行き届いた良いお店だなぁ！」

と、お客様は好感を抱いてくれるはず。そんなことが理由でリピーターになってくれる人もいるかもしれません。

無料のお水でも、「ちょっとした気配り」次第でお店にとってプラスになるのです。

もちろん気配りというのは、そんな打算的な目的でやるべきものではないと思いますが、お客様にとってプラスになることなら、積極的に行ったほうが良いと思います。

お水をすぐに持っていくか、少しあとで持っていくか。

たったそれだけのことでも、お客様が抱く印象はずいぶん変わってしまいます。

たかがお水、ではあります。

でも、私のように、たかがお水一杯のことで、たとえおいしい料理を提供されても、お店の全体的なイメージがダウンしてしまうことがある人もいるのではないでしょうか。

4 立派なお店に欠けていたもの

「岩ガキがおいしいお店があるそうですよ」

知り合いに誘われて、都内のとある和食のお店に行った時のことです。

大通りから一本奥まった、料亭などが立ち並ぶ細長い路地にあるお店でした。和風の建物に現代的な装飾を施した、ちょっと格調の高い雰囲気が漂っています。

店内に入ると、うわさの岩ガキがカウンターのショーケースに並べてあり、期待が高まります。

カウンター席に座って注文を済ませると、私はなんとなしに厨房の様子を眺めていたのですが、いきなり「えっ?」と目を見張りました。

茶髪の若い女の子が、切ったキュウリと昆布をジップロックに入れて、ごんごんと叩き始めたのです。

それは私たちが注文した「キュウリのたたき」でした。

「こういうお店で、それはないんじゃないかなぁ……」

私は驚いてしまいました。

もっと値段の安い大衆的なお店だったら、それでいいのかもしれないのですが、ひとり軽く1万円は超えそうな立派な雰囲気のお店です。

なのに、目の前でジップロックに入れたキュウリを叩いただけの料理を出されてしまうのは、なんか違うなって思いません？

百歩譲って、そうやって作っていたとしても、客席からは見えない場所でやるべきではないでしょうか？

いきなり、大きく膨らんでいた期待感がしぼんでしまいましたが、そのあとに出てきた岩ガキはたしかに味も香りも最高でした。帰り際には、

「明日の朝ごはんにでもどうぞ」

といって、紙の手提《てさ》げ袋に入った手みやげを渡されました。中身はサンドウィッチで、翌日の朝食に食べてみると、これもおいしかったです。

食べ物がおいしくて、ちょっとした気も利いています。

でも、リピートするかと聞かれると……。

ジップロックの「キュウリのたたき」のことも理由のひとつではあります。でも、それ以外にも気になってしまったのは、お店の支配人の服装でした。

食事が終わってお会計をお願いすると、**支配人が伝票を持ってきたのですが、スーツ**

から出ているワイシャツの袖が、ヨレヨレだったのです。

まだ若い支配人でしたから、そこまで気がまわらないかもしれません。ワイシャツの袖はスーツに隠れているから問題ないと思っていたのかもしれません。

でも、伝票を差し出す時には、見えてしまうのです。

そんなちょっとした隙を見せられてしまうと、どうしても店全体が安っぽい印象になってしまいます。

せっかく趣《おもむき》のある立派な雰囲気のお店で、料理もおいしいのに「もったいないなぁ」と、私は残念な気持ちになってしまいました。

ある程度の値段を取るお店なら、やっぱりそれに相応しい服装や言葉遣いをする必要があるのではないでしょうか?

なぜなら、商品以上に大切なのが、それを提供する「人」だからです。

私が販売している生命保険でもそうですが、同じ商品を扱っていても、営業マン・ウーマン次第で売れたり、売れなかったりと、人によって売上に何倍も差があります。

もしお客様が商品だけを評価して買っているなら、人によって差があるのはおかしいはずです。

それは、お客様が「商品」だけではなく、それを販売する「人」で買うかどうかを判断しているからだと思います。

街を歩くと以前からあったお店がなくなって、新しいお店になっていたりします。細かい事情は知る由《よし》もありませんが、意外とこんな些細なことの差が作り出している現実なのかもしれません。

5 高級ホテルでいつも気になる、たったひとつのこと

ずいぶん前に、とある高級旅館に泊まった時のことです。

どんな旅館かといいますと、一泊5万5000円で食事つき。食事は部屋とは別にある御食事処みたいな場所でいただくスタイルで、料理は豪華で味も最高。

部屋の広さも言うことなし。和洋室のスタイリッシュな内装でローベッドを完備。部屋には露天風呂がついていて、窓から見える景色も素晴らしい。

大型の最新型液晶テレビに、DVDプレイヤーも置いてあります。

アメニティグッズにもこだわりがあって、一つひとつがおしゃれ。上質な素材のバスタオルに、ガウンもあって、浴衣や部屋着みたいなものも用意されています。

まさに、至れり尽くせりです。

接客もサービスも申し分ありませんでした。

ないものは何もない、といった感じの素晴らしい旅館だったのですが、**私はたったひとつだけ満たされないものがありました。**

……実は「ひげ剃り」なんです。

これはこの旅館に限った話ではないのですが、どんなに高級な旅館やホテルに泊まっても、なぜか「ひげ剃り」だけはイマイチなんですよね。

最近は「四枚刃」のひげ剃りで、ものすごく剃り味がいい商品がたくさん売られているのに、どこに泊まっても、用意されているのはせいぜい「二枚刃」。

私はひげが濃いほうなので、剃り味には敏感なのですが、旅館やホテルに泊まって、「このひげ剃りは剃り味がいいなぁ！」

と思ったことは、残念ながら一度もありません。

仕方ないので、泊まる時は毎回、わざわざ自分のひげ剃りを持参します。

本当は電動シェーバーを持っていきたいのですが、荷物になるので、T字の剃刀《かみそり》をポーチに入れて持っていっています。

泊まったホテルや旅館に、剃り味の良い四枚刃のひげ剃りが置いてあったら、自分で持っていく必要がなくなって、すごく助かります。

高級旅館やホテルの究極のホスピタリティというのは、お客様にいっさいのストレスを感じさせないことだと思います。

当然ですけれど、食事は冷めてしまったものは出さずに、必ずベストの状態で提供する。

タオルが何枚もあるのは、お客様に「もう1枚欲しい」と思わせないためでしょうし、室内着が何種類も置いてあるのは、あらゆるニーズに応えるためでしょう。

「私たちは、お客様にいっさいのストレスを感じさせません！」

高級旅館やホテルに泊まると、スタッフのそんな声が聞こえてくるような気がして、「さすがだなぁ」

と、いつも感心してしまいます。

徹底的に気配りが行き届いた、最高のサービスを突きつめているのが、そういった高級な宿だと思っているのですが、どうしてひげ剃りだけは……。

この気持ち、わかっていただけるでしょうか？

私にしてみれば、ひげ剃りをわざわざ持っていくのは、バスタオルを持参するのと同じような感覚なのです。

ひげ剃りの原価がいくらなのかはわかりませんが、ひげの濃い人で、私と同じような不満を抱いている人もいるのではないでしょうか？

世の中には、本当にいろいろなタイプの人がいます。

そのすべての要望をかなえるのは困難なことですが、**今まで気づかなかったことにも目を向けて気を配れば、お客様には必ず感じていただけると思います**（もしも、ホテルや旅館のスタッフの方がこの本を読んでくださっていましたら、四枚刃のひげ剃り、ぜひともご検討いただけますよう、よろしくお願い致します)。

6 お会計にはデリケートな配慮を

細かいことばかりで恐縮ですが、ホテルや旅館に限らず、レストランなどの飲食店でも感じていることに、「お会計の時の対応」があります。

たとえば、温泉宿に泊まった時。あるいは、お客様の接待で一緒に高級レストランで食事をした時。そんな場面を想像してみてください。

支払いをするのは、自分です。

部屋でお会計ができる旅館や、自分の席で精算ができるレストランではない場合、フロントやレジでお会計をすることになります。

金額を書いた紙を黙って渡してくれる場合は、何の問題もありません。

でも、レジに金額が表示されて、連れの女性やお客様に見えてしまったり、せっかく紙に書いてくれても、

「2万4500円になります」

なんて声を出して金額を読み上げられてしまうことがあります。

「それはちょっと……！」

私は思わずそう言いそうになってしまうんですね。

お金はデリケートなものです。

一緒にいる人に金額を知らせたくない状況も数多くあります。お会計の瞬間というのは、特に気配りが必要な場面なのではないでしょうか？

以前にこんなことがありました。会社の後輩が税理士さん100人にアポイントを取るという、自分で課した目標を達成したので、お祝いに私がごちそうすることになりました。

ただ、よく考えてみたら、私と後輩がふたりで食事をしても、結局は仕事の延長になってしまいますし、彼も楽しくないかもしれません。

そこで、同じふたり分のお金を出すなら、と思ってこんな提案をしたのです。

「お祝いだけどさ、別に俺とじゃなくてもいいだろう？　お客さんから教えてもらった、俺が東京でいちばんおいしいと思っているイタリアンのお店があるから、そこに奥さんとふたりで行ってこいよ」

「えっ、いいんですか！」

後輩が意外とあっさり喜んだので、

「あれっ、『川田さんと喜びを分かち合いたいんです！』とか言わないんだ」

と、笑いながらもちょっぴりさみしい気もして、心の中でツッコミを入れたりもしたのですが（それはともかく……）、彼が急に忙しくなったことで奥さんもさみしかったろうし、やっぱりそのほうがいいだろうと。

そこで、彼らが食事に行く何日か前に、私はそのレストランに足を運びました。

「今度、後輩が食事に来ますので、よろしくお願いします」

私はそう言って、あらかじめ多めにお金を払っておきました。

どうして事前にわざわざお金を支払いに行ったのかというと、後輩たちに食事の金額を知らせたくなかったからです。本当であれば、「あとで請求書を送ってください」くらい言いたいところですが、そこまで偉い立場でもないので……。

とりあえず後輩に支払ってもらって、あとから領収書をもらって、そのぶんのお金を出すこともできたのですが、それでは彼らに気を遣わせてしまいます。

なによりも、お金のことを気にせず食事を楽しんでもらいたかったですし、値段を知らせて恩着せがましくなるのは避けたいと思ったのです。


女性やお客様とレストランで食事する時も、これと同じことではないでしょうか?

値段が高い場合、いくら使ったかがわかると、相手に気を遣わせてしまいます。

逆に値段が安い場合にしても、それはそれで別の問題が生じたりします。

「せっかく高いお金を払ってるんだから」

と、相手に金額を知らせたい人もいるかもしれませんが、世の中には本当にいろんな人がいて、いろんな状況が考えられるのです。

20年以上前、学生の頃に読んだ、雑誌のデートマニュアルの記事にこんなことが書いてありました。

「お会計は、彼女が食事が終わってトイレに行っている間にさりげなく」

要するに、相手に気を遣わせない配慮をしろってことですよね。

お金の扱いには、そのくらいデリケートな神経が必要だと思うのです。時には、相手との関係に大きな影響を与えることだってあり得ます。

日常的によく行くファミリーレストランや居酒屋ならともかく、高級ホテルや高級レストランというのは特別な機会にしか行きません。

だからこそ、お会計の瞬間には細心の注意が必要なのではないでしょうか？

サービスのプロフェッショナルである一流のホテルやレストランのスタッフでも、少々気配りが足りないような気がするのです。

精算金額は支払いをする人以外には見せない、決して読み上げない。

私からのお願いです。

7

残念な瞬間には、あらゆる仕事のヒントがつまっている

ここまで「ちょっとした気配り」が足りないと感じた残念な例を紹介してきましたが、みなさんはどう思われたでしょうか？

「そうそう、私もずっと気になってた！」

と共感していただけた方もいるとは思うのですが、正直あまりピンとこないと思う方も少なくないかもしれません。

「こいつ、ちょっと細かいことを気にしすぎじゃないの？」

そう感じた人もきっといますよね。

お釣りと領収書を一緒に渡すことも、お水をお願いしたのにテーブルを片づけ始めることも、人によっては「残念」というよりも「普通」のことかもしれません。

たしかにそうかもしれない、と私も思います。

ただ、その**「普通」をちょっとだけ超える、ほんの小さな差が、仕事においては大きな差になると私は思っているのです。**

そもそも「普通」とは、どのように作られるのでしょうか？

それは業種ごとに違いますが、その業界の大多数の人がやっていることが、自然にお客様の頭の中にインプットされていって「普通」になるのだと思います。

たとえば、ひとつ例をあげて考えてみましょう。

風邪をひいてしまって、お医者さんに行った場面を想像してみてください。混雑した待合室でしばらく待っていると、名前が呼ばれます。診察室に入って、聴診器を当てられたり、注射をされたりして、診察は終了。最後に受付でお金を払うと、「お大事に」と、受付の女性が声をかけてくれて、薬の入った袋をもらって家に帰る――。

お医者さんに行った時の「普通」はこんな感じですよね。

ところが、外を見ると雨が降り出しています。

「あれっ、雨かぁ。でも駐車場まで20〜30メートルしか離れてないし、走っていけばそんなに濡れないか」

なんて思っていると、受付のほうから声がします。

「○○さん、傘、持ってきてますか？」

「いえ、持ってきてないです」

あなたがそう答えると、受付の女性が、

「じゃあ、一緒に行きましょう」

なんと、その女性が傘をさして、車まで連れていってくれると言うのです。

「いえいえ、大丈夫ですよ。車まですぐですし」

「濡れたら、からだに良くないですよ。風邪ひいているんですから」

彼女はそう言って、あなたが雨に濡れないように傘をさして、車まで一緒に連れていってくれて、ドアを開けて、あなたが車の中に入るのを見届けてから、

「では、お大事にしてくださいね」

と、にこやかに笑ってドアを閉めてくれます。

もしも、そんなお医者さんがあったら、また行きたくなりませんか？

講演でもこの例を出して話をすることがあるのですが、みなさん「うん。うん」とうなずきます。当然、私もそんなお医者さんがあったら、また行きたくなります。

でも、高級料亭か何かに食事をしに行った時に、雨が降り出したので、おかみさんが傘をさしてタクシーまで送ってくれて、

「またいらしてくださいね」

と、にこやかに笑ってドアを閉めたとしたら、どうでしょう？

「この料亭はすごいなぁ」

と、感動したりはしないと思うのです。

それはなぜかというと、**職業ごとに自分が抱いている「基準値」が違うからです。**

料亭のおかみさんが傘をさして車まで送ってくれても、それは「普通」。でも、普通はそんなことをしない、お医者さんで同じことをされたら、「感激」してしまう。

その職業のほとんどの人がやらない、ほんのわずかな気配りが、人を「また来たい」という気持ちにさせるんですね。

この章で紹介してきた「残念な例」は、人によっては「普通」かもしれません。

でも、その「普通」とはちょっと違う、ほんのわずかな気配りを反映させるだけで、仕事においては大きな差が生まれると思います。

あらゆる仕事の残念な瞬間には、改善のヒントがつまっています。

みなさんも自分の仕事における「普通」を今一度考えてみてください。それを変えることが、明日からの仕事の大きなヒントになるはずです。

第5章

私の気配り実践法

1

まず最初に必要なのは「観察すること」と「感じること」

「川田さんは仕事で、どんなことを意識してされてるんですか？」

講演や勉強会に呼んでいただくと、いろいろな企業でこのようなことを尋ねられます。特にお客様と直に接する営業マン・ウーマンの方からは、真剣に質問されることが多いです。

そこで、これまで「ちょっとした気配り」の大切さを書いてきましたが、最後に私が実際の営業シーンでどのように仕事に活かしているのかをお話ししたいと思います。

お客様の駐車場ではいちばん遠い場所に車を停めたり、かばんをハンカチの上に置いたりするのは、私なりのちょっとした気配りのつもりですが、一種の営業テクニックといってもいいかもしれません。

でも、そういうテクニック的なものより、私にはもっと重視していることがあります。それは「観察すること」と「感じること」です。

私が営業に行く時に、まず最初に心掛けるのはこのふたつです。

取引先の会社に、車に乗って営業に行ったとしましょう。**取引先の駐車場に入った瞬間から、その会社の「声」が聞こえてきます。**

「うちの会社は、こういう会社ですよ」

まずは、この会社の「声」を聞くことから私の営業は始まります。

どういうことかといいますと、たとえば、駐車場に軽自動車がたくさん停まっていたら、それはその会社の「声」です。私はその「声」を聞いて、

「きっと女性の従業員が多いんだろうな」

と、想像します（あくまでも想像です……）。駐車場にゴミひとつ落ちていなくて、会社の建物と駐車場のアスファルトの間に雑草も生えていなかったら、それも「声」のひとつ。

「ああ、この会社はきちんとしてるんだろうなぁ」

と、また想像します。

オフィスに入った時に、従業員の人たちの応対がハキハキしていれば、

「この会社は社長がきちんと指導してるんだろうなぁ」

なんて想像して、社長の顔さえボンヤリと見えてきます。スリッパがあれば、その並べ方に注目します。かごにスリッパがポーンと入っている会社もあれば、靴箱に整然と並んでいる会社もあります。

家や部屋には住んでいる人の性格が表れるのと同じように、スリッパの並べ方ひとつとっても、その会社の性格が表れているんですね。

そういう「声」に耳をすませて、相手がどんな人なのか想像を膨らませるのです。

要するに「観察」して「感じる」わけです。

どうしてそんなことが必要なのか？

それは、これからお会いする相手がどんな人なのかを少しでもよく知りたいからです。

営業の仕事というのは、相手がどんな人なのかがわからなければ、商品を案内するこ

となんてできません。

いいえ、それ以前に、どんな話をすればいいのかわからないはずです。

みなさんもそうじゃないでしょうか？

しかし、**きちんと「観察」して「感じる」ことで、会話のきっかけが摑めます。**

営業マン・ウーマンは特に初対面は何を話そうかと緊張するものですが、会話の種はその会社にたくさん転がっているのです。


以前にこんなことがありました。

とある会社の社長さんにお会いした時のことです。

その方はまだ40代半ばの若い方で、会社は決して大きくはないのですが、地元のいろいろな会の役員をされたりしていました。

「なんでこの人が、そんなにいろいろな会の役員をされているんだろう？」

不思議に思っていたのですが、その方の社長室を観察していたら、ピンときました。

その部屋には、7枚のカレンダーが貼ってありました。

同じ月のカレンダーが7枚です。実用的なことを考えたら、カレンダーなんて1枚あれば十分ですよね。

しかも、すべて違う会社の名前が入ったカレンダーでした。それを見て、

「ああ、そうか……！」

と思ったのです。

「取引先にもらったカレンダーをすべて貼ってるんだ。今の自分があるのは取引先のおかげ、という気持ちを、いつも忘れないようにしているのかもしれない。そういう人だから、若くしていろんな会の役員をお願いされるんだろうな……」

もちろん、これは私の勝手な想像です。

ただ、何度かお話ししているように保険の営業というのは、

「すっごい興味があって待ってました。ぜひとも生命保険に入りたかったんですよ！」

なんてことを言われることは、ほぼありません。

「いちおう話だけは聞くけど、保険に入るつもりなんてないよ」

ほとんどの方がそういう反応ですから、私にとっては初対面の方とどんなお話をする

のかは、非常に重要な問題なのです。

その社長さんも、別のお客様が紹介してくださったのでお会いすることはできたものの、生命保険にはまったく興味がなさそうでした。

私は少し話をした後で社長さんに言いました。

「こういう言い方は失礼ですけど、いろんな会の会長をやる方って、えてして名を馳《は》せた方とか、地元を代表する大企業の方がやられることが多いと思うんです。なのに、会社の規模は決して大きくないのに、なんでこの方が多くの役についているのだろう？　何が理由なんだろうって、実は僕、ずっと疑問に思っていたのですが、その理由がわかりました」

社長さんは「いきなり何を言いだすんだろう？」といった表情で、黙って私の話を聞いています。**私は7枚のカレンダーを見て言いました。**

「……人の繋がりを、とても大切にする方なんですね」

すると社長さんは、

「ええ、恥ずかしながら」

と言って、少し嬉しそうな表情をされました。そして、それをきっかけに積極的にいろいろな話をしてくれるようになったのです。

結局、その後も保険の話は何もしませんでしたが、

「次にお会いした時には、1時間だけ保険の話を聞いていただく時間をください」

と、話の最後にお願いすると、

「わかりました」

と言ってくださって、先程までとは空気が全然違っていました。次回は保険の話を聞いてくれる空気に変わっていたんですね。

そうなったのは「観察」して「感じた」結果だったのだと思います。

もちろんそれが、そのまますべて正しいとは限りませんが、会話の中で確認していくことで、次第に相手の人柄や性格がわかってくるのです。

まずは相手を「観察」すること、そして「感じる」こと。

これはみなさんの仕事においても、とても重要なことではないでしょうか？

2

相手の気持ちに「チューニング」する

「観察」して「感じる」ことで相手がどんな人なのかを想像できたら、次に私はラジオの周波数を合わせるように、相手の気持ちに「チューニング」していきます。

要するに、相手の立場になって話をしていくのです。

私の仕事では、相手の人は「保険の話なんて聞きたくない」という感情がまず前提にあります。ですから、まずはそこにチューニングして話をするのです。

たとえば、最初にこんな話をします。

「今日は生命保険のことでお邪魔したんですけど、どうしても今、保険に入りたいニーズってありますか？」（あえて迷惑そうな顔をして……）

「いやぁ、悪いんですけど、今は特に必要ないんですよ」

ほとんどの人はこんな返答をされます。

「ちょうど見直そうと思ってたんだよ」

中にはそんな方もいらっしゃるのですが、実を言うと、それが嬉しいかというと、私はあまりそうでもなかったりします。

保険に興味があると言われてしまうと、保険の話をしなければなりません。

「せっかく保険の話ができるのに、なんで困るの？」

そう疑問に思う人もいますよね。

でも、相手のことをあまり知らないうちから保険の提案をして、もし断られてしまったら、そこでその人との関係が終わってしまいます。私はそれがイヤなんです。

ですから、まずは相手のことをよく知ることから始めたいんです。

ただ、幸い（というのもおかしな話かもしれませんが……）、ほとんどの方は、

「保険の話はいいよ……」

と、否定的な態度をとられるので、私はこんなふうに答えるんです。

「ですよね。わかります。みなさんそうですよね。でも、なんで保険が嫌いなんです

か？」

保険を嫌いな人にも、いろいろな理由があります。

やたらと人に勧められるから、話を聞いていると全部つき合いで入らなくちゃいけなくなるとか、営業にしつこくされて嫌いになったとか。

ただ、そんな理由を保険の営業マン・ウーマンに面と向かって言うことは滅多にないと思うのですが、私には言ってくれます。どうしてかというと、

「この人は、自分が保険を嫌いだってことをちゃんと受け入れてくれている」

と、思っているからだと思うのです。

「相手は保険が嫌い」という事実には、目をつぶらないほうがいいんです。

保険の話をするのに、保険に関することに目をつぶっていては進むものも進みません。

実際に保険が大嫌いで、今にも追い返そうという雰囲気の方もいらっしゃいます。そういう方とお会いした時には、こう言います。

「すいません。今、僕がここに座っていて、すっごくイヤな気分じゃないですか？」

営業マン・ウーマンはえてして自分にとってネガティブな情報にフタをしたくなりま

すが、事実から目を背けて商談をしても、結局は断られてしまいます。しかも、その理由がわからないまま、商談が崩れてしまうのです。

実績のあがらない営業には、お客様の気持ちを考えずに、「自分の都合」だけで話を進めてしまう人が多いのではないでしょうか？

営業マン・ウーマンというのは、自分の商品を売りたいわけですから、商品のことしか考えていません。それは私にしても同じことです。

でも、商品のことばかり考えているお客様なんていないのです。それどころか、営業されることにマイナス感情を抱いている人のほうが多いかもしれません。

営業マン・ウーマンにとっては、それは「不都合な真実」です。

「不都合な真実」から目を背けて、「売りたい！」「売りたい！」という気持ちだけで話をしてしまっている人が多いのだと思います。

そんなふたりの会話が成り立つわけがありません。

だから私は、一度目にお会いした時は「商品を売りたい」という気持ちを排除して話をします。相手の気持ちにチューニングするわけです。

では、具体的にお客様と何の話をするのかというと、**たとえば出身地について伺います。**

「私は沼津の出身です」

と言われたら、「ああ、海の見える街で育ったのかな?」と想像をするんです。自分の中で、その人の物語をつむいでいきたいんですね。

相手が東京の企業に勤めている方だったら、こんなふうに話を続けます。

「いつから東京なんですか?」

「東京に出てきたのは、社会人になってからですね」

「学生時代はどこで?」

「学生の頃はずっと沼津なんですよ」

……じゃあその土地の影響が強いんだろうなぁ、と、どんどん想像を膨らませていきます。さらにこんな質問をします。

「東京では最初にどこに住んでました?」

「自由が丘に住んでいました」

と、答える人と、

「江戸川区の瑞江って知ってます？　あそこに住んでいたんですよ」

という人では、受ける印象が違ってきますよね。

どの街に住んでいたかがわかると、その人の価値観みたいなものが見えてきます（あくまでも勝手な想像ですが……）。

出身地などの話をすることで、よりチューニングが進んでいくわけです。


話を聞くだけにとどまらないこともあります。

たとえば、第3章でご紹介した、牛を8500頭も飼っている畜産業の方にお会いした時には、実際に牛舎を見せてもらいました。

社長さんに自宅から車で連れていってもらったのですが、なにしろ牛が8500頭です。それはそれは、ものすごい数の牛舎がありました。

車が牛舎の前に着くと、私は尋ねました。

「降りて歩いてもいいですか?」

「いいですけど、キレイなところじゃないですよ。糞《ふん》もあるし、臭いもしますし」

「いいえ、こういうなかなか来られないところにせっかく連れてきてもらったんですから、『牛舎を見たことがある』じゃなくて『牛舎を歩いた』って言いたいんですよ」

「じゃあ、いいですよ」

そう言ってもらえたので、私は牛舎の中を歩かせてもらいました。牛を見たり、餌を触らせてもらったり、牛の寝床や堆肥《たいひ》を作る機械を見せてもらったり。

生命保険の営業は普通はそんなことはしないのかもしれませんが、私は歩きたかったんですね。

なぜかというと、その社長さんが愛している場所だからです。

その人の今を作った、その人の歴史がつまった場所だからです。

そういう場所を実際に歩いて、社長さんが触っているものにも実際に触ってみて、相手のことをよく知りたかったのです（とか言いながら、多くの場合、社会科見学として純粋に楽しかったりもするのですが……）。

相手が経営者の人だったら、仕事場はその人のいちばん愛している場所だと思います。そこに興味を持てなかったら、相手の気持ちにチューニングはできません。

たとえ一瞬でもいいから、相手の脳と自分の脳を似た状態にする。

コンビニに来るお客さんとお店の人は、最初からチューニングができています。買いたい人と売りたい人ですから、求めているものは同じです。

でも、営業の場合は、そうじゃないケースがいっぱいあります。だから意識的にチューニングしていく必要があるのです。

私は新聞も本もあまり読みません。本は年間に3冊も読むかどうかで、ビジネス書の類《たぐい》はほとんど読みません。

情報源はおもにテレビで、特にお笑い番組をよく見ています。

ビジネスマンとしては失格なのかもしれませんが、私は新聞やビジネス書よりも、お笑い番組を見るほうが、営業の仕事に役立つこともあると考えているのです。

お笑い芸人の人たちは、客席の様子を見ながら、客層や反応を瞬時に判断して、臨機応変に場の空気を作っていますよね。

生の漫才なんていうのは、その最たるものです。時にはアドリブで相手を引きずり込んだり、話の間やスピードなど、ただ練習したものをそのまま実演していては、あれだけ客席を引き込むことはできないでしょう。

それができるのは、お客様の気持ちにチューニングする能力が高いから。

芸人さんがモテるのは、面白いからだけじゃなくて、「相手への気配り」が普段からできているからではないでしょうか？

そういうことを意識してお笑い番組を見ていると、とても勉強になります。

お客様と会った時にスラスラ話せるように、前もって会社で練習しておくことは大切です。でもそれだけでは、実際にお客様と相対した時には、うまく伝わらないことも多いはずです。

漫才にたとえるなら、ネタはしっかり覚えていて喋ることができるのに、どうにもウケない、アドリブのきかない芸人さんみたいなものでしょうね。

相手の気持ちや気配を察して、状況に応じた話ができる。それはお笑い芸人だけに必

要なスキルではなく、どんな仕事にも通じることではないでしょうか?

3 お客様は「信用できる人」を探している

相手が自分の売りたい商品を「欲しくない」と思っている気持ちにチューニングしてしまったら、売りたい商品を売れないんじゃないか?

そういう疑問を持たれた方も多いでしょう。

でも、違うんです。お客様の気持ちにチューニングすることで、結果的に商品を売ることにも繋がっていくのです。

営業に限らず、あらゆるサービス業に共通していえるもっとも大切な真実は、次のことだと私は思っています。

お客様は「あなた」から「商品を買いたい」わけではなく、「信用できる人」に「問題を解決してもらいたい」と思っている。

たとえば、保険の営業でお会いした方が「自分が入っている保険は、このままで大丈夫なのかな？」と不安に思っているとします。

これは実際に多い例なのですが、そういう人たちは「新しい保険に入りたい」と思っているわけではなく、不安を解決したいと思っているだけなんですね。

それを信用できるプロの人に判断してもらって、

「あなたはこの保険でいいんですよ。なぜなら、こういう理由でこの商品に入っていて、今のままでも十分だからです。だから新しい保険に入る必要はありません」

と、言ってほしいだけのこともあるのです。

それで問題は解決します。

ただ、プロの目から見て、その保険のままではいつか困ることがあるようだったら、

「いつか子どもができたら、こういう商品も考えたほうがいいかもしれませんね」

と、アドバイスする必要もあります。

その結果、何年か後になって、私から商品を買ってくれることがあるかもしれません。

ですから、まずは「信用できる人」になることが重要なのです。

値段や性能に明らかに大きな差があるなら別ですが、少々の差なら、人は商品自体ではなく、別の要素でものを買うものだと私は思います。


別の例にたとえてみます。あなたがDVDプレイヤーを買うとしたら、大きな家電量販店と個人経営の近所の電器屋さんのどちらで買いますか？

値段だけでいえば、大きな家電量販店のほうが安いはずです。

あなたが家電製品の知識が豊富にあって、複雑な接続も難なくこなせる人だったら、大きな家電量販店で安く買ったほうがお得でしょう。

でも、家電製品のセッティングが苦手で、説明書を読んでも意味がわからない。そもそも使い方がよくわからない。

そんな人だったら、どうでしょう。

電話一本で気軽に相談できて、困ったことがあったら、すぐに駆けつけてくれる近所の電器屋さんで買ったほうが良かったりしませんか？

ある大手家電メーカーの方から聞いた話ですが、個人経営の電器屋さんで売上を伸ばしているお店がかなり増えているそうです。

特に高齢者の方のニーズが高まっているそうですが、わかる気がします。

家電の苦手な人にとっては、値段以上に、買った後でもいろいろなフォローをしてくれるお店かどうかが重要なのだと思います。

つまり自分の「問題」を解決してくれる人を求めているわけですね。

こういう例を考えてみても、人は商品の値段や性能だけでなく、別の要素も重視してものを買うことがわかります。

お客様の「問題」を解決するためには、問題を見つけられなければなりません。

だから、相手の気持ちにチューニングして、その人のこと、その人が考えていることや悩みをよく知る必要があるわけです。

「信用できる人」になって「問題」を解決する。

このふたつが揃えば、自動的に「あなたから買います」ということになるはずです。

4 お客様が必要としているものは何か？ 時にそれは商品ではないこともある

「信用できる人」になって「問題」を解決できるようになるためには、まずはお客様にとって「信用できる人」にならなければなりません。

では、何をしたらいいと思いますか？

私は、**お客様が必要としているものを知って、自分に何か役立てることがあれば、それを積極的に提供していくことだと思っています。**

お客様が「必要としているもの」というのは、必ずしも会社で扱っている商品とは限りません。時には、自分が扱っている商品以外のことだってあるのです。

営業の場合は、多くの人と知り合う機会があるので、そこで得た知識や情報を伝えるだけでも、相手に喜んでもらえたりします。

たとえば、私は個人保険だけではなく、企業保険の販売もしているので、会社の社長さんとお話しする機会がたくさんあります。

それでわかったのですが、企業のトップの方が考えていることは共通しています。

何かというと「売上をあげること」です。

当然といえば、当然ですよね。経営者の方は、常にそのことが頭にあります。

ですから、**企業の社長さんにお会いした時には、保険の話ではなく、売上をあげるヒントになるような話をするのです。**

「ある会社では、こんなキャンペーンをやって成功しましたよ」

「こんな面白い福利厚生があって、社員に喜ばれている会社があるんですよ」

「こういう勉強会をしたらどうでしょう?」

仕事柄、私はいろいろな企業の方とお会いしているので、このような情報をお話しすることが、経営者の方の気持ちにチューニングすることになると思っています。

相手に信用してもらうためには、気配りも必要です。

ただし、気配りといっても、相手がタバコをくわえたら、さっとライターを出す、ということではありません。

「この人は何をいちばん大事にしているんだろう？」

「この会社に必要なものはなんだろう？」

「自分が役に立てることはなんだろう？」

相手をよく観察して、自分にできることは何かを考え、その人のために役に立てることが、ビジネスにおいての「気配り」になるのではないでしょうか？

「相手の役に立つ」ということを頭ではわかっていても、しっかりと実践できる営業マン・ウーマンは意外と少ないものです。

相手の役に立ちたいと思っても、自分にはそんな知識も経験もないと思って、そこで思考停止してしまうことが多いんですね。

でも、だからこそ、しっかりと考えて行動に移すだけで、他の営業マン・ウーマンとは差がついてきます。

たとえば、**私はリクルートにいた頃に、お客様を会社までお連れしたことがあります。**リクルートは当時から営業力が強くて有名でしたから、実際に会社を見てもらうことで、営業の活気を引き出す方法を体感してもらえると思ったのです。

壁に貼った営業成績のグラフや、各部署の天井からぶら下がった「営業目標達成のくす玉」など、リクルートの社員にとっては当たり前の光景も、お客様には新鮮に映るかもしれません。

あるいは、オフィスの営業マン・ウーマンの電話での話し方やあいさつの仕方ひとつ取っても、お客様の会社の参考になるかもしれません。

こんな簡単なことでも良いのです。あるいは**もっと簡単に、ちょっとした仕事のアイディアを思いついたら「素人の考えだからな」などと臆さずにお話ししてみる。**

他の業界からの視点というのは、意外とお客様に喜んでもらえたりします。

大切なのは、小さなことで良いから、相手が求めていること、喜ぶことを想像することです。その気配りが「信用できる人」になるいちばんの方法だと思います。

5

視力が悪くない人にメガネを売るような仕事はしない

営業というのは、結果が数字に表れる仕事です。「売れる営業」「売れない営業」という現実が、ハッキリと目に見えてわかってしまいます。

いわゆる「売れない営業」になってしまっている人には、ある共通の傾向があるように思います。おそらく他のサービス業でも同じだと思うのですが、

「すぐに商品を買って！」

という態度でお客様に接してしまっているのではないでしょうか？

メガネ屋さんでいえば、お客様の視力をはかりもしないで、いきなり目の前に商品を並べて、こんなことを言っているようなものです。

「どのメガネにしましょうか？　レンズはどれにしましょうか？」

これはおかしな話ですよね。

ですから、私は保険の営業に行っても、相手の人にはっきりと言います。

「義理とかおつき合いでは、保険に入らないでください。お話を聞いていただいて、本当に保険が必要ないと思ったら、僕はいっさい提案をしません。

視力が悪くない人にメガネを売るような営業は絶対にしません。もしも僕が、そんなニュアンスの話をしたら指摘してください」

自分にプレッシャーを与えるような言葉ですが、きっとお客様もそのことをわかってくださるのだと思います。だからこそ、

「そこまで言うなら、こいつの話はちょっと聞いてみるか」

と、思っていただけるのでしょう。

そもそも私が生命保険業界に転職したのは、視力が悪くない人にメガネを売るように「保険が必要かどうか？」「どんな保険が必要なのか？」もきちんと確かめずに、商品を売るような業界を変えたいと思ったからでした。

お医者さんにたとえたら、検査もしない、血も採らない、聴診器も当てないで、いき

なり処方箋を出して、

「この薬を飲んでください」

というような営業の方法は間違っていると思います。

先にも書いたようにお客様は問題を解決してもらいたいのです。

相手と話をしていく中で、その人に保険のニーズ（保険で解決できる問題）がないと感じたら、私は商品の提案をいっさいしません。

その人に保険のニーズがあると感じた時に、初めて商品を紹介するのです。

これは生命保険の営業に限った話ではないと思います。もしも私が空気清浄機の営業をやっているとしても、同じ話し方をするでしょう。

「僕は空気清浄機を販売してるんですけど、今どうしても必要だったりしますか？」

「必要ないです」

「そうですよね」

と、そんなかんじで話を始めるはずです。そうしていろいろな話をしていく中で、

「実を言うと、夫が吸うタバコの臭いが少し気になってるんですよね」

と相手の人が言って、その人にとって空気清浄機の必要性を感じたら、

「そうですか。でしたら、この商品でその問題を解決できるかもしれませんね」

と、その時に初めてカタログをお見せするでしょう。

営業マン・ウーマンがやって来たら、お客様は基本的に、

「どうにかして売ろうとしている」

と思っていることが多いはずです。**商品を強引に売りつける「敵」のようなものだと身構える人だっています。**


だから、私はまず最初に「敵じゃないんですよ」ということをお伝えしたいのです。

ずっとそういうスタンスで保険の営業を続けてきましたが、これまでに2000件以上ものご契約でお客様とおつき合いさせていただいています。

そして、その99％が、お客様からの紹介でお会いできた方々です。


「必要のない人には売らないこと。

必要な人に必要なものだけを販売すること。

そして、納得して満足してもらうこと」

これが、私がいつも心掛けていることです。その後のお客様との「ご縁」を育てていくためにも、最も大切なことだと思っています。

6 気持ちに余裕を持たせるには「数」をこなす努力が欠かせない

自分の仕事に「ちょっとした気配り」を反映させていくためには、絶対に必要なものがあります。

私たち営業でいえば、商談の「数」をこなすこと。それは「数」をこなすことです。

職種によって異なると思いますが、経験値を高めることで、気持ちに余裕を持たせられるようになるのは、きっとどんな職業でも同じですよね。

新人の営業マン・ウーマンは、なかなか売れないので焦ってしまいます。焦れば焦るほど、

「とにかく売りたい！」

「このお客様に絶対に売らなくちゃいけない！」

「何がなんでも売ろう！」

と、追い込まれた気持ちになって、目の前の商談にしがみついてしまいます。

自分の商品と直接関係のない話をする余裕もなくなってしまうので、相手に対する気配りもできなくなってしまう。

その結果、お客様に嫌われてしまって、余計に売れなくなってしまう。

こういう悪循環にハマってしまうんですね。

そうならないためには、「数」をこなす努力が必要なのです。

何度かお話ししているように、私は最初に会った時には商品の話をしないことも多くあります。まずは相手のことを知って、自分のことも知ってもらう。

「保険は必要ない」

と言っていた人に対しても、とりあえず私と保険のことを頭の片隅にでも置いてもらえればいいと思っています。そして、ときどきアプローチを続けていれば、

「そういえば、あの保険の話だけど、もう一度聞かせてよ」

と言われることもあるかもしれませんし、ダメでもともとです。

私が目の前の商談にガツガツせずにそう思えるのは、常に複数の商談を同時進行で存在させているからです。商談をひとつしかこなしていなくて、そんなことをしていたら、気持ちが焦るばかりで結局余計に結果も出なくなってしまいます。

だからこそ、商談の「数」が必要なんです。

仕事というのは「皿回し」に似ていると思います。

仕事をお皿にたとえると、大きなお皿（＝大きな案件）を回せるとすごいと思われますよね。小さなお皿（＝小さな案件）をたくさん回しても、感心してもらえます。

新人のうちは、小さなお皿を一つひとつ回していくことから覚えます。つまり、皿回しの基本を身につけることから始まるわけです。

やがて、ふたつのお皿や三つのお皿を同時に回せるようになっていき、少しずつ大きな皿を回していく。

大きなお皿をたくさん回せると理想的ですが、なかなかそんなにうまくはいきません。そうするためには、自分の技量や経験が関係してきます。

でも、どんなに技量を高めたり、経験を積んでも、お皿はいつか必ず落ちます。

いつか必ず落ちるんですから、目の前のお皿だけに注力していてはダメですよね。ひとつ回し始めたら、次のお皿、次のお皿と回していかなくちゃいけません。

つまり「数」をこなす必要があるのです。

たくさんのお皿を回していれば、ひとつのお皿が落ちるのを必死になって食い止めたり、ひとつのお皿に執着しなくてもよくなります。

ひとつの仕事が結果を生まなくても、また次に行けばいいのです。

そうすることで気持ちに余裕が生まれて、相手の気持ちになって物事が考えられるようになり、「ちょっとした気配り」ができるようになるのだと思います。

余裕を持って気配りができるようになれば、お客様にも喜んでもらえるようになって、仕事全体が良い循環に入っていくはずです。

7 自分自身を追い込むことだって必要

私の著書を読んでくださった方や講演を聞いてくださった方からいただいたメールを拝見していると、ちょっと気になることがあります。

「目標数字を持たされたり、それを達成できなかったりして、営業という仕事に限界を感じていましたが、川田さんのお話を聞いて、気持ちが楽になりました。大事なのは数字じゃないんですね。これからは新しい自分で頑張れそうな気がします」

こういう内容のメールが非常に多いんですね。

頑張れそうな気持ちになれたことはとても良かったと思うのですが、目標数字を持たされたら、私はやっぱり達成しなくてはいけないと思います。

私は目標数字を達成するために、死にものぐるいで仕事をしました。

転職した最初の2年間は、仕事に集中するために、妻や子どもと別居してオフィスの近くの安いマンションを借りて、ひとり暮らしをしてまで必死に頑張りました。

長女は生まれたばかりの1歳で、長男はまだ妻のお腹の中にいた頃です。

私は心の弱い人間なので、気を許すと、すぐに楽なほうに流されてしまいます。そんな性格を自分でよくわかっていたので、自分の逃げ場をなくそうと思ったのです。

「わざわざ家族と離れてまで仕事に打ち込むのだから、絶対にこの転職を成功させなくちゃいけない！」

そう思えるように、自分自身を追い込みました。

でも、深夜にひとりきりの部屋に帰って、可愛い盛りの娘のビデオを観て泣いたこともあります。弱気になって眠れない日が続いたこともありました。

本当に辛く苦しい2年間でしたが、そこまでして仕事に没頭したことで営業マンとして成長できましたし、現在の自分があるのだと思っています。

壁を避けてばかりいては、本当の力や成長はありません。壁を乗り越えて、初めて見える風景もあるのです。これはどんな職業でも同じなのではないでしょうか。

ある会社の勉強会では、こんな質問をされたことがあります。

「トップを獲れる人とトップを獲れない人の違いって何でしょうか？　自分は会社の中でトップを獲りたいと思って仕事しています。どうしたらトップを獲れるようになれますか？」

まだ若い男性の社員の方でした。私は彼に聞きました。

「〝本気で〟トップを獲りたいんですか？」

「獲りたいです」

「そうですか。実は簡単なんですよ。トップを獲ること以外は、いっさい考えない、しないことです」

その人は驚いた顔をしていましたが、私は続けてこう言いました。

「明日が休みだとします。彼女からデートの誘いが来ました。それがトップを獲るために絶対に必要なら、デートをしてもいいでしょう。

でも、トップを獲ることと関係がないんだったら、デートに行っちゃいけません。

友達に飲みに誘われました。大学の同期の集まりで年に1回の集まりです。そこに行くことで、トップになることに近づけるのなら、行く価値があります。

でも、ただ楽しみたいだけで、トップを獲ることと関係がないんだったら、行かないことですね。

僕は〝絶対にトップを獲る〟と思って、それ以外のことをしない生活をしました。会社にいる時だけではなく、24時間、ずっとそういう〝生活〟をしたのです。あなたは〝トップを獲れたらいいな〟と思って仕事をしている。そういう違いです」

彼は呆然とした顔で言いました。

「そこまでしなくちゃダメですか?」

「だって、ほかの人と同じことをしていたら、トップなんて獲れないでしょう?」

成功とは不自然なもの——。

私はそう思っています。普通のことをしていたら、普通の結果しか出せません。**普通以上の結果を出そうと思ったら、不自然なこと、つまり普通じゃないことをしなくちゃいけません。**

気配りをすることも、同じだと思います。

周りの人と同じように普通に接しているだけでは、相手の人に喜んでもらえません。仕事に良い結果をもたらすこともないでしょう。

たとえほんのちょっとでも構いません。少しでも普通以上に気を配ることで、初めて仕事の成果に反映されるようになるのではないでしょうか？

お客様にとって、今まで出会った営業と同じレベルの気配りでは、何の印象も残せずに、いわゆる普通の営業として消えていってしまいます。

不自然なくらいに気を配って、初めて印象に残る営業マン・ウーマンになれるのです。トップを目指したい人には、そういう気構えが絶対に必要だと思います。

8

イヤなことは必要経費と考える

「川田さんも失敗したことがあると思うんですけど、何かあったら教えてください」

ある会社の新入社員向けの講演会では、こんな質問をされました。

失敗については、本当によく質問されます。どうしてそういう質問が多いのかというと、みんな失敗を恐れているからなんでしょうね。

私の本を読んでいただいた方からのメールでも「仕事が全然うまくいかなくて苦しんでいます」といった内容がとても多いです。

「うつと診断され会社を辞めてしまったのですが、本を読んで元気になりました。これから就職活動を始めます」

中にはそんなメールもあって、半年近くが過ぎてから、

「仕事が決まりました。ありがとうございました！」

と、報告をいただけることもあって、私も嬉しくなるのですが、仕事で失敗したり、人間関係で悩んだりして、心の病になってしまう人が多いのは、とても気になります。

私は講演会に招かれると、よくこんな質問をしています。

「仕事で失敗した時と、甲子園でエラーをして負けてしまった時では『俺はなんてことしてしまったんだ！』と悔やむ度合いは、どちらのほうが大きいと思いますか？」

甲子園でエラーした時だと答える人が圧倒的に多数です。私もそう思います。

チームや関係者のみんなに迷惑をかけるし、全国に放送されてしまう。甲子園で負けてしまったら、二度とやり直しはできないわけですから。

それでも彼らは、数日後にはグローブを手にして野球の練習を始めているのです。

それはきっと、彼らには次の大会があるからでしょう。エラーを悔いてばかりいないで、1年生や2年生は次の大会に向けて練習しなくちゃいけない。

高校3年生の場合は、「卒業」というリセットの機会もあります。

高校野球でエラーをしたからといって、大学で野球をやっちゃいけないかっていうと、そんなことはありません。

「もうあんなミスはしないように頑張ろう！」

と、練習に打ち込んで、心機一転してやり直すことができます。

でも、社会人の場合は違うんですよね。

社会人というのは、基本的にリセットするタイミングが与えられていません。人事異動で他の部署に移っても、結局は同じ会社の中ですし、完全なリセットはできないのかもしれません。

転職などをして自分で「卒業」の機会を作る以外には、リセットする方法がないのかもしれません。

では、どうしたらいいのでしょう？


「たとえどんな失敗をしても、それを乗り越えれば、あの時の失敗は必要なことだったんだと思える日が、いつか必ず来る」


月並みな答えかもしれませんが、私はそう考えるしかないと思っています。

そう思える日が次の日に来る人もいれば、10年後の人もいるかもしれない。

でも、いつか必ずそういう日が来ると信じる。

だから、失敗や挫折をしても「この先きっと何かの役に立つんだ!」っていう気持ちを少しでも強く持つことが大事なんじゃないでしょうか。

私自身、今までの自分を振り返ってみても、「あ~、あの時のつらさはこの時のためにあったんだなぁ」と思えることがほとんどです。

それは仕事だけでなく、プライベートでも同じことがいえると思います。


私も失敗したことはたくさんあります。同僚のお客様を奪うようなことをしてしまって、ものすごく反省したこともあります。

また、それは自分の卑《いや》しい気持ちから招いたことだったので、激しい自己嫌悪にも陥りましたし、恥もかきました。

でも私は、このことから大事なことに気づくことができた、と考えています。

「このままずっと仕事を続けていたら、天狗になって、なんでも好き勝手にやっていいと思うような人間になっていたのかもしれない。

そんな今の未熟な自分を戒められたんじゃないか……？」

私はその失敗をそう捉えました。

失敗や挫折というのは、「必然」で起こっているのではないでしょうか？

必要な時に、必要なタイミングで、必要なことが起こっている。そういうふうに捉えられるかどうかが重要なのだと思います。

講演会で私はこう言いました。

「みなさんに『失敗や挫折を恐れるな！』とは言いません。誰でも必ず失敗するんですから。でも、失敗や挫折をしても、いつか必ず糧《かて》になる日が来ます。

この話を忘れないようにして、何か失敗をしてしまった時でも、川田が『いつか必ず糧になる』って言ってたなって思い出してみてください」

仕事をしていれば、誰でも必ず失敗や挫折を味わいます。イヤな思いもします。

でも、それをどう捉えるかによって、その人の未来が変わってくるはずです。

つらいことがあっても、私はそれを「人生の必要経費」だと考えるようにしています。

何をしても、全部が全部うまくいくことなんてあり得ません。

悪いことや失敗があるのは、確率的にいって当たり前なんです。そういうことがあっても、次へのステップと考えればいい。

成功するためには、多くの失敗やイヤな経験をして力をつける必要があります。

つまり、すべては成功するための必要な経費なのです。

どんな仕事にも経費がかかるのと一緒です。大きな仕事を成功させるためには、必要経費もたくさんかかります。

仕事も人間関係も人生も、それと同じではないでしょうか?

イヤだなと思うことがあっても「これも将来のための必要経費」と考える。

自分の気持ちに対して、そんなふうに気配りをしていくことも、仕事をうまくやっていくための大事なコツだと思います。

9

効率だけを優先していたら、大きな花は咲かせられない

仕事というのは、種まきに似ています。種をまいたらパッと咲く花もありますが、なかなか咲かない花もあります。

ですから**「ちょっとした気配り」**を仕事に活かしたからといって、**すぐに大きな花が咲くとは限りません。むしろ、時間はかかるかもしれません。**

だったら必要ないのかといったら、私はそんなことはないと思います。

今から10年以上前のことです。

20代の若い人に個人保険の営業に伺いました。10人ぐらいの小さい会社に勤めている男性で、当時は独身でした。

最初は「保険なんて興味ない」と言っていたのですが、私の話を聞いて保険に加入し

てくれることになり、最後にこんな話をしました。

「最後に確認なんですが、毎月2万円の保険料っていうのは、今までにはない出費ですよね。この2万円って、どこから捻出するんですか？」

1万円にしても2万円にしても、決して少ない金額ではないですから、私は若い独身の人に対しては必ずそう聞くようにしています。

私なりの「ちょっとした気配り」といえるかもしれません。

その人は言いました。

「飲み代とかを少し削ったりとか、あとはまあ、なんか知らないうちに使っちゃってたりするので、そういうところから捻出できるかなって」

「知らないうちに使ってるっていうのは、たとえばどんなことですか？」

「そうですねぇ、なんだろう……？」

彼が返答に困っているので、私は言いました。

「営業マンの私がこんなことを言ったら変に思われるかもしれませんが、ちょっと言わせてください。

この保険料を支払うことによって、合コンに行くお金とか、仕事の後に先輩に誘われた時の飲み代とか、休みの日の彼女とのデート代とか、そういうお金を削るんだったら、この保険には入らないでください。

そういうお金を削って2万円も払うなら、絶対に入っちゃダメです。1万5000円にするとか、そういうふうにしましょう」

少しでも大きい契約が欲しいはずの営業マンが、いきなりそんなことを言いだしたので、彼はポカンとした顔をしていました。

私は話を続けました。

「なぜかっていうと、万が一の備えの保険も大事ですが、今の◯◯さんにとっては、成長するためのお金のほうが大事です。

今思うと、僕も合コンに行ったりとか、デートしたりとか、先輩と飲んでいろいろな話を聞いた、そういう時間があったからこそ、今の自分があると思っています。

だから、そういうお金を削って保険料を捻出するんだったら、やめてください。

ただのくだらないグチを言うために集まって飲んでいるなら、そんな飲み代は削ってもいいと思いますけど、成長するための有意義なお金を削って入るんだったら、これは入っちゃいけないダメな保険です。

そういうことも考えたうえで確認してください。2万円でも大丈夫ですか？」

彼は唖然《あぜん》とした顔をして、しばらく考えてから言いました。

「……そう考えると、ちょっと高いかなぁ」

「ほら、僕が言わなかったら、この2万円の保険に入っちゃったでしょう。そういうことは絶対にしちゃダメなんですよ。じゃあ、どういうふうにしましょうか？」

「あと5000円くらい安ければ、大丈夫だと思うんですが」

「じゃあ、そうしましょう」

書類を用意しながら、私は彼にこんな話をしました。

「なんで僕がこんなことを言っているかっていうと、僕のほうが六つ年上ですけど、お互いに社会人としてはまだまだ若輩者ですよね。

でも、10年、15年たったら、もしかしたらお互いに会社を代表するような仕事をしているかもしれないし、世の中を動かすようなことをしているかもしれない。

僕もこの仕事を通じていろいろな人に会って成長しています。僕はあなたにも成長してもらいたいんです。

それで、何年後かに、お互いにもっと成長していろいろな話ができるようになりたい。だから、成長するためのお金は削らないでほしいんです」

そう言って、結局、1万5000円の保険の契約をしてもらいました。

私は、5000円高い2万円の保険に入ってもらうよりも、「こういう人から保険に入って本当に良かった」と心から満足してほしかったのです。

同じような話をいろいろな人にしているのですが、この人は特に喜んでくれて、その後にたくさんの知り合いを紹介してくれました。

「とにかくこの人の話を聞け！　感動するから」

彼はそう言って、いろいろな人に私に会うように勧めてくれたそうです。

それから10年以上が過ぎた今、彼は日本を代表する某IT企業の役員になっていて、ときどき会って話をしています。

10年前に私が話したことが、彼の身に本当に実現したのです。

彼に会うと、今でも笑ってこう言います。

「保険なんて必要ないと思っていたのに、いつの間にか入っちゃったんですよね」

私が初めて本を出した時には、その人は自分のブログで紹介してくれて、こんなことまで書いてくれました。

「僕が今まで出会った中で、最もすごい営業マンだ！」

そのブログを見た別の会社の社長さんが「ぜひその人を紹介してほしい」と言ってくださって、その社長さんにお会いしたら、また別の人、また別の人と、次々に知り合いを紹介していただき、今でもそのご縁の連鎖は進行中です。

あの時に「少しでも高い契約を！」と考えて、そのまま保険に入ってもらっていたら、こんなことにはなっていなかったでしょう。

自分の思いを正直に伝えて、契約をゴールとして考えず、「ご縁」を育てることをゴールとして考えたことが、10年以上経ってから、とんでもなく大きな花を咲かせてくれたのです。

人の縁というのは、様々な花の咲かせ方があるんだと思います。

パパッとすぐに咲く花もあれば、ものすごく時間のかかる咲き方もある。ずーっとつぼみなのに、とてつもなく大きい花を咲かせることもある。

もちろん、残念ながら咲かないこともあるのかもしれません（それは最後までわかりませんが……）。

だけど、目先の損得や効率だけにとらわれてしまっていたら、そんな大きな花は咲かせられないのではないでしょうか？

焦ってすぐに結果を求めるのではなく、小さな種をまくように「ちょっとした気配り」を心掛けていけば、いつか気づいてみたら、すてきな人達に囲まれて一面が花だらけの素晴らしい風景の中に自分がいるかもしれません。

10

「気配り」とは「相手を好きになること」

最後に。私はもともと営業を志望していました。それはなんでかというと、人と接するのが好きだったからです。

ただ、実をいうと、私は人見知りで、今でも人と初めて会う時はとても緊張します。

会社に行く途中で同僚を見かけても、

「うっかり話しかけてしまって、相手が実は話したくない気分だったら悪いなぁ」

なんて悩んでしまって、結局声をかけられなかったりすることが多いのですが（実は営業マンに向いていない性格なのかもしれません……）、人の話を聞くのは好きでしたし、友達から何かを教わることも好きでした。

営業という仕事は、いろいろな人に会える。

いろいろな人に会って、いろいろな話を聞きたい。そう思ったので、私は営業の仕事を選んだのです。

就職活動はバブルの頃だったので、商社や銀行など、当時の一流企業からも内定をもらえていたのですが、私はリクルートという会社に入社することを決めました。

ちょうど平成元年で、リクルート事件で大騒ぎになっていた時です。そんな状況だったのに、なぜリクルートに入ったのかというと、やっぱり人が好きだったからです。

面接や会社説明会などで出会った社員の人たちを好きになって、

「この人たちと一緒に働いたら楽しいだろうなぁ」

と思ったのが、入社の動機でした。

というのも、**「何をするか?」「どのようにするか?」も大切ですが、「誰とするか?」が人生を充実させてくれるのだと思っていたからです。**

それをいちばん大切な価値として感じたのは、大学の体育会でサッカー部に所属していたことの影響が大きかったのだと思います。

私がサッカー漬けの大学時代を振り返って、〝自分は楽しい学生生活を送った〟と思えたのは、サッカーをやっていたからではなくて、〝周りの人に恵まれたから〟なのだと自信を持って言えます。

この考えは今も変わりません。いや、もっともっと強く確信しています。

今の仕事に転職したのも、尊敬できる営業マンの先輩に出会って、その人の仕事ぶりや考え方を好きになったからです。

生命保険の営業でこれまで何千人という人たちに出会ってきました。大学生の頃に望んだように、いろいろな人に会って、いろいろな話を聞きました。

今回この本では、私が「この人のこと好きだなぁ」「すてきな人だなぁ」と思った人たちのことを一部ですがご紹介させていただきました。


それでふと思ったのですが、私がちょっとでも相手に気を配ろうと思うのは、相手のことが「好き」だからかもしれません。

初対面の場合でも、相手を好きになろうと思って、そういうことをしているのです。

決して、仕事がうまくいくように、無理してやっているわけではないんですね。

そもそも人が好きだからやっているんです。

それはきっと、社員を大事にしている経営者の方も、お客様を大切にしているサービス業の方も同じではないでしょうか？

自分の会社の社員が好きだから、少しでも気持ちよく働かせてあげたい。

自分のお店に来てくれたお客様が好きだから、少しでも感謝の気持ちを表したい。

気配りというのは、実は「私はあなたのことが好きですよ」「あなたを大切に思っていますよ」というメッセージなのかもしれません。

「好きですよ」と言われて、イヤな気持ちになる人はいませんよね。

だから、気配りができる人は、仕事がうまくいくのではないでしょうか？

改まって「気配りをしましょう！」と言われても、何をしたらいいのか迷ってしまうと思いますが、実はもっと簡単で単純なことなのだと思います。

ドアを開けたら、人が歩いてきたので、その人が通るまでドアを押さえてあげる。すると、「ありがとうございました」と言われて、ちょっと嬉しくなる。

相手にしても、自分に気を配ってくれたことを嬉しく感じる。

お互いが人との繋がりを感じられて、その一瞬、ちょっと温かい気持ちになれる。気配りというのは、きっとそういうものなのでしょう。

東日本大震災があった後、多くの人が被災地のボランティア活動に行きました。今も活動されている人が大勢いらっしゃいます。

瓦礫《がれき》の片づけを手伝ってもらった街の人は、その気持ちが嬉しかったでしょうし、ボランティアに参加した人自身も、「自分の存在意義」を感じられて嬉しい気持ちになったと思います。

それも見知らぬ相手のことを思いやれる「大きな気配り」でしょう。

「自分の存在意義を感じられることをしたい」

そういう思いは、きっと誰にでもあるはずです。この「存在意義」というものが感じられるかどうかというのが、今の世の中では特に大きな問題だと思うんです。

誰かの役に立ちたい。

誰かに必要とされたい。

けれども、そういう思いを実現させる方法がわからない。

あるいは、その場所が見つからない。

でも、私は、ドアを押さえてあげたりするような「ちょっとした気配り」も、実は自分の存在意義が感じられることのひとつだと思っています。

そういう小さな気配りを積み重ねていけば、自分の存在価値を感じられる場面がたくさんあるのではないでしょうか。

この本でご紹介した「ちょっとした気配り」は、相手のためにやることであるのと同時に、自分の存在意義を確かめられることでもあると思います。

そういう気持ちが、いろいろな場面で、いろいろな連鎖をして広がっていったら、みんなが幸せに暮らせる、すてきな世の中になるんじゃないか？

この本を出したいと思ったのは、そんな気持ちが始まりでした。

講演に招かれて、とある田舎町のホテルに泊まった時のことです。

大浴場に行ったら、どういうわけかわからないのですが、出ていく人、出ていく人がみんな、きちんと桶をイスの上にひっくり返して帰っていました。田舎町ですから、ホテルの大浴場といっても、明らかに地元の人たちも来ているようでした。

あとで確認してみたのですが、別に「桶をひっくり返して帰ってください」とか、そんな貼り紙があったわけじゃないんですね。

なのに、その大浴場に来た人たちは、みんなそうして帰っていくんです。

きっと誰かひとりが桶をひっくり返して出ていくのを見ていた人が、それを真似して、さらにそれを真似する人がいて、それが続いていったのでしょう。

気配りというのは、連鎖していくのです。

ペットボトルのラベルを剝がして、キャップとボトルとラベルを別々に捨てることも、いつの間にか定着しました。そういうことを見ていると、

「やっぱり日本人ってすてきだなぁ」

と、私は思うんです。

ピリピリピリッとラベルが剝がしやすいものになったことが定着した理由のひとつだとは思いますが、メーカーが工夫するだけでは広がらなかったはずです。

あとでゴミの分別をする人のことを考えて、誰かが始めたことがどんどん連鎖していって、いつの間にか、それが当たり前になったのでしょう。

そういう気配りができる国に住んでいることに、私たちは胸を張っていいと思います。

もしも外国の人がこの本を読んだら、

「領収書の渡し方がどうとか、水を早く持ってこないからどうのこうのとか、何をわけのわからない細かいことを言ってるんだ！」

と思われるかもしれませんが、私は日本人だったら、きっとわかってもらえるんじゃないかと信じています。

そして、誰もが相手を思いやる「ちょっとした気配り」の連鎖が広がっていって、この国がもっと住みやすく、みんなが幸せになれる国になることも。

この本がその「ちょっとしたきっかけ」になれたら、著者としてはこれ以上の幸せはありません。

おわりに──「おたがいさま」という気持ちを忘れない

今から15年ぐらい前になるでしょうか。歯科医でもあり、住職でもあるお客様から伺った、とても印象深い話があります。

保険の商談をしていたはずなのに、どうしてそんな話になったのか覚えていませんが、「気配り」について話をしていて、雨の日に電車に乗った時の傘についての話になりました。

「子どもたちには、雨で濡れた傘がほかの人に当たったりしないように心掛けなさいと教えているんですよ。自分がやられたら嫌だと思うことはしないようにしなさいって」

私がそんな話をすると、その方は「本当に大切なことはそうじゃないんですよ」と言われたんですね。

「いちばん大切なのは、濡れた傘が当たらないように気をつけることよりも、誰かの傘が当たった時に、『今日は雨が降っているんだから、しょうがないよな』と『おたがいさま』という気持ちでそれを受け入れられることなんですよ。人は必ず人に迷惑をかけ

るものなんです。みなそうやって生きていくんですよ」

「深いなぁ……」

心に沁み入るお話でした。たしかにそうですよね。人は誰もひとりでは生きていけません。生きていれば、必ず誰かに迷惑をかけるものです。であれば、人の行動に対して受け入れられる心を持つことが大切なのは当然です。

気配りについて書いていたら、最後にこの住職に聞いた話を思い出しました。

相手を思いやって、ちょっとした気配りを心掛けることは大切です。

しかし、もっと大切なのは、たとえ気配りが足りないと思うことがあっても、イライラしたりせず、それを受け入れる気持ちを持てるようになることなのかもしれません。

何よりもそのほうが温かい感じがします。

どんなに周囲に気を配っているつもりでも、必ずどこかで迷惑をかけているはずです（私も必ず迷惑をかけています……）。

だからこそ、「おたがいさま」という気持ちを忘れちゃいけないんですね。

この本は私の3冊目の著書になります。

今回もたくさんの方々のおかげで本にすることができました。毎回そうですが、私だけではこの本を創ることはできませんでした。プルデンシャルの同僚の方々、広報をはじめ本社の方々、またリクルート時代の同僚のみなさん、原稿を何度も読んでアドバイスをくれた方、皆さんの大切な時間をいただきながら進めさせていただきました。

土日などを中心に原稿のために時間を取られても文句を言わないでいてくれた家族。面白い切り口で私の可能性を広げてくれた三宮さん、谷田さん。そして何よりも今まで多くのことを教えてくださったたくさんのお客様。多くの人たちのご理解と応援と協力によって原稿が完成しました。

ありがとうございました。

多くの方々のおかげでき上がったこの『仕事は99％気配り』がひとりでも多くの方々の仕事や生き方るヒントになることを心から望みます。

川田　修

※この本のご意見・ご感想などありましたら、メールをお送りいただけると幸いです。shiroi_hankachi@yahoo.co.jp（必ず全部読ませていただきます）

川田　修 かわだ・おさむ
プルデンシャル生命保険株式会社エグゼクティブ・ライフプランナー。1966年東京都生まれ。慶應義塾大学法学部卒。89年株式会社リクルート入社。入社から退職まで96カ月のうち、月間目標を95カ月達成、部署最優秀営業マン賞を数回、全社年間最優秀営業マン賞も受賞。97年プルデンシャル生命入社。2001年に営業職の最高峰であるエグゼクティブ・ライフプランナーに昇格し、全国約2000人中の1位の営業成績を達成する。著書に、韓国、台湾でも翻訳出版された『かばんはハンカチの上に置きなさい』(ダイヤモンド社)と『知識ゼロからの営業入門』(幻冬舎)がある。

朝日新書
346

仕事《しごと》は99%《パーセント》気《き》配《くば》り

2012年4月30日第1刷発行
2013年10月20日第5刷発行

著　者　川田　修

発行者　市川裕一
カバーデザイン　アンスガー・フォルマー　田嶋佳子
印刷所　凸版印刷株式会社
発行所　朝日新聞出版
〒104-8011　東京都中央区築地5-3-2
電話　03-5541-8832(編集)
　　　03-5540-7793(販売)

Published in Japan by Asahi Shimbun Publications Inc.
ISBN 978-4-02-273446-4
定価はカバーに表示してあります。
落丁・乱丁の場合は弊社業務部(電話03-5540-7800)へご連絡ください。
送料弊社負担にてお取り替えいたします。

老いを愉しむ習慣術
「しなやかな心」のつくり方

保坂 隆

「もう今さら」「めんどくさい」と心が後ろ向きに諦めてしまったとき、老いが一気に進みます。逆に言えば、老いを軽やかに受け入れる習慣が身につけば、いつまでも人生を愉しむことができるのです。精神科医の著者が「老いを愉しむ心」をつくる習慣を伝授。

浅田真央はメイクを変え、キム・ヨナは電卓をたたく
フィギュアスケートの裏側

生島 淳

バンクーバー・オリンピックで、浅田真央はなぜキム・ヨナに勝てなかったのか。氷上の華麗な舞いが見るものを魅了する一方で、その舞台裏で行われていることとは？ 採点、流行、駆引き……。これまでベールに包まれていたフィギュアの真実を徹底解明。

科学の栞《しおり》
世界とつながる本棚

瀬名秀明

「本書に登場する科学書の多くは、むしろ読むとあなたに新たな疑問や謎を残すでしょう。本のページを閉じた後、世界はもとに戻るのではなく、むしろ変化して見えることでしょう」（「はじめに」より）。宇宙や心のふしぎから進化論まで「もっと知りたい」を刺激する本をご案内。

放射能列島 日本でこれから起きること
誰も気づかない環境被害の真実

武田邦彦

原発事故で日本に深刻な放射線問題が残り、日本人の人生設計は大きく変化することになった。いったいこれから日本で何か起きるのか。リサイクル・ダイオキシン・地球温暖化など、過去の〝ウソの環境問題〟と絡めつつ、今、日本人が知っておくべきことを綴った必読の書。

震災と原発 国家の過ち
文学で読み解く「3・11」

外岡秀俊

大震災と原発事故で苦しむ東北に、再び光は差すのか？ 著者が被災地で実感した、国家の様相と内外の文学作品との共通項とは？ カミュ、カフカ、スタインベック、井伏鱒二らを介して、「国家の過ち」を考察する。名文家で知られる元・朝日新聞編集委員の渾身作。

コンビニだけが、なぜ強い？

吉岡秀子

業績不振にあえぐ小売業界のなかで唯一、右肩上がりのコンビニ。「小売」から「サービスステーション」の道をひた走るコンビニの現在を徹底取材。セブン-イレブン、ローソン、ファミリーマートの三者三様の戦略から、不況日本の生きる道が見えてくる。

世界の紅茶
400年の歴史と未来

磯淵 猛

18世紀、英国アフタヌーンティーの流行を皮切りに世界中に紅茶は広まった。現在世界一二〇カ国の人々が紅茶を飲むという。なぜこれほど愛されるのか？ 紅茶研究の第一人者である著者が、紅茶界の変遷を語るとともに最新情報をもとに紅茶の「未来」までをひもとく。

第二のフクシマ、日本滅亡

広瀬 隆

列島が地震活動期に入った今、第2のフクシマがいつ起きてもおかしくない。「反原発」の、あの広瀬氏が日本を滅亡させないために緊急提言。六ヶ所再処理工場の即時閉鎖、全原発廃炉断行、汚染食品の流通阻止……。渾身の書き下ろし。

朝日新書

財務省支配の裏側
政官20年戦争と消費増税
中野雅至

「霞が関の盟主」財務省が日本を支配し、消費増税も意のままにする――。どうして今、こうした「支配論」が叫ばれるのか？　財務省が復権するまでに展開された「政」と「官」との攻防とは？　元キャリア官僚の著者にしか分からない最強官庁の実態を、実例を挙げて解説する。

第四の消費
つながりを生み出す社会へ
三浦　展

物から人へ、日本人の豊かさが変わる！　日本人の消費は発展段階に応じて変遷し、消費の単位も「家族」「個人」へと変わり、いま第四の時代に入った。「消費」ではなく何によって人は幸せになれるのか。消費社会はどこへ行くのか。消費社会研究第一人者が新しい時代を予言。

仕事は99％気配り
川田　修

仕事の成否を分けるのは、実は「ちょっとした気配り」の有無だったりする。メールの署名、椅子の座り方、車の停め方……細かな積み重ねが相手の信頼を勝ち取っていく。生保業界の伝説の営業マンが、社内外を問わず大切な気配りの身につけ方を伝授する。

40代から始める100歳までボケない習慣
白澤卓二

40代は幸福な人生を手に入れるための分岐点。30代の延長で考えてはいけない。年金不安の時代、60、70代になっても元気で働ける体は必須。介護いらずで100歳までが理想だ。40代に身につけた習慣で、その後の人生が変わる！